FINANCIAL DEVELOPMENT
REPORT OF HANGZHOU 2018

2018年度
杭州金融
发展报告

杭州市人民政府金融工作办公室　编

ZHEJIANG UNIVERSITY PRESS
浙江大学出版社

前　言

时光荏苒,期待已久的《2018年度杭州金融发展报告》与大家见面了。《2018年度杭州金融发展报告》从综合、运行、金融小镇以及规划调研等视角出发,客观而又翔实地展现了2018年杭州金融业总体发展与运行状况,并对政府与监管部门出台的政策措施做了比较全面的梳理,对截至2018年末在杭金融机构进行了详细的分类罗列。报告系统地介绍了2018年杭州金融业发展所取得的成绩、经验,并对钱塘江时代的杭州金融业未来发展可能面临的挑战和机遇进行了有效的探索。

2018年是不平凡的一年。从国际视角来看,10年前,一场发端于美国的金融危机席卷全球,给各国带来了巨大冲击。10年后,全球经济依然比较脆弱,不仅危机的深层次影响尚未消除,保护主义又卷土重来,给全球经济带来新的压力。回顾2018年,全球经济形势风云诡谲,全球贸易局势趋紧、欧元区政局动荡以及英国脱欧等各种风险事件此起彼伏。世界范围内逆全球化兴起、民粹主义抬头、地缘政治冲突不断,对经济运行和金融市场造成很大干扰。纵观全球金融市场的表现,超过90%的资产收益率为负数,为自1901年有统计以来全球资产表现最差的一年。

2018年是中国改革开放40周年。过去的40年,中国从自身国情出发,充分发挥自己的优势,积极融入全球化,全面推动各项改革,在保持经济快速增长的同时,也为世界经济发展作出了重要贡献。当前,中国成为世界第二大经济体,国内生产总值从不足3700亿元人民币增长到90万亿元人民币,增长超过240倍,占世界经济的份额达到16％。

2018年,在面对错综复杂的国际环境和艰巨繁重的国内改革发展稳定任务的大背景下,杭州市坚持稳中求进的工作总基调,经济运行保持在合理区间,总体平稳、稳中有进的态势持续发展。全市实现地区生产总值13509亿元,较上年增长6.7％,三次产业结构调整为2.3∶33.8∶63.9,经济结构进一步优化。杭州是全省金融资源、金融要素的主要集聚地。2018年,杭州市金融业立足服务实体经济,防范金融风险,总体运行稳健上行,呈"三快一稳"的良好发展态势。截至2018年末,全市金融机构数量超过520家,社会融资规模增量超过8700亿元,增速明显;金融业增加值近1200亿元,占GDP比重稳步提升。

总结过去是为了更好地开创未来。2019年,面对纷繁复杂的国内外经济、金融形势,在杭州市委、市政府领导下,杭州金融业将会紧密围绕改革开放、创新驱动、拥江发展、三大攻坚战等重大发展战略,坚持金融服务实体经济导向,提升金融服务水平,优化金融环境,更好地支持杭州经济社会持续健康发展。

一方面,我们将继续秉承优化信贷结构的指导方针,支持经济调整和转型升级。加大金融产品、服务模式创新,加大对民企和小微企业的融资支持力度,提高金融服务先进制造、智能制造等新动能的水平。加大与全市重要战略、重大项目的金融对接力度。进一步支持杭州市跨境电商综试区、特色小镇、互联网金融创新中心、杭州城西科创大走廊、城东智造大走廊、钱塘江金融港湾等规划建设。另一方面,我们将会更加重视金融风险防范,维护金融市场稳定运行。加强金融风险研判和预警,引导金融机构提高稳健经营意识,进一步改善资产质量。继续加强互联网金融专项整治工作,强化互联网金融监管,促进互联网金融企业规范发展。加大非法集资的处置力度,坚持差异化、联动化、法治化方式处置企业资金链、担保链"两链"风险，有效防范上市公司股权质押等风险事件，营造良好的金融生态环境。

衷心感谢中国人民银行杭州中心支行、浙江银保监局、浙江证监局、浙江省农信联社杭州办事处、杭州市发改委、杭州市经信委、杭州市商务委、杭州金融仲裁院、玉皇山南基金小镇、运河财富小镇、西溪谷互联网金融小镇、湘湖金融小镇、黄公望金融小镇、杭州市白沙泉并购金融研究院的大力支持。欢迎广大读者对报告提出建设性的意见，让我们在以后能够做得更好。

《2018年度杭州金融发展报告》编委会

2019年7月

目 录

政策篇

规划调研篇

大事记

机构名录

综 合 篇

2018 年杭州市金融服务业发展报告

杭州市金融办

2018 年,杭州市经济运行总体平稳,稳中向好。全市实现地区生产总值 13509 亿元,较上年增长 6.7%。其中第一产业、第二产业、第三产业实现增加值为 306 亿元、4572 亿元、8632 亿元,分别增长 1.8%、5.8%、7.5%,三次产业结构调整为 2.3∶33.8∶63.9。

2018 年,杭州市金融业立足服务实体经济,防范金融风险,总体运行稳健上行,呈"三快一稳"发展态势。其中金融业增加值、社会融资规模、贷款余额等主要指标增长较快;城市建设、创新发展、民企发展、居民消费等领域金融服务成效快速提升;钱塘江金融港湾、国际金融科技中心等金融改革创新发展平台建设加快推进;网贷平台风险、企业"两链"风险等金融风险防范处置平稳有序。反映金融业整体发展状况的指标全市金融业增加值实现 1196.9 亿元,较上年增长 9.0%,增速较上年提高 2.2 个百分点,超出地区生产总值 2.3 个百分点;占全市地区生产总值比重 8.9%,较上年提高 0.5 个百分点;占第三产业比重 13.9%,较上年提高 0.44 个百分点(见表 1),充分显示出金融服务业是杭州市的支柱性产业,且重要性不断上升。中国(深圳)综合开发研究院 2018 年 9 月发布的第十期"中国金融中心指数"显示,杭州金融综合竞争力全国排名第 5,较上年进位 2 个位次。

表 1 2017—2018 年全市金融业增加值

时间	地区生产总值/亿元	同比增减/%	第三产业增加值/亿元	同比增减/%	金融业增加值/亿元	同比增减/%	金融业增加值占地区生产总值比重/%
2017 年	12556	8.0	7857	10.0	1055	6.8	8.4
2018 年一季度	2923	7.4	1819	8.6	279	4.7	9.5

续表

时间	地区生产总值/亿元	同比增减/%	第三产业增加值/亿元	同比增减/%	金融业增加值/亿元	同比增减/%	金融业增加值占地区生产总值比重/%
2018 年上半年	6356	7.6	3968	8.4	587	6.8	9.23
2018 年前三季度	9673	7.3	6085	8.2	926	8.0	9.6
2018 年	13509	6.7	8632	7.5	1197	9.0	8.9

数据来源：杭州市统计局、杭州市金融办。

一、金融服务业运行概况

(一)社会融资规模大幅增长

2018 年,全市新增社会融资总量 8759.2 亿元,较上年多增 2654.8 亿元,增幅 43.5%;新增总量占全省的 44.9%。分种类看,以人民币贷款为主体的间接融资 7563.35 亿元,较上年多增 2674.29 亿元,增幅 54.7%;以债券、股权融资为主体的直接融资 1195.87 亿元,较上年少增 19.49 亿元,降幅 1.60%。至年末,间接融资、直接融资占比分别为 86.3%、13.7%,较年初分别上升和下降 6.2 个百分点(见表 2),显示间接融资仍然占据我市融资主体地位。

表 2　全市社会融资规模及构成　　　　　　　　　　单位:亿元

融资项目		2018 年新增	2017 年新增
地区社会融资规模		8759.20	6104.40
间接融资	人民币贷款	7293.53	3109.02
	外币贷款(折人民币)	-33.06	-25.58
	委托贷款	-265.52	408.61
	信托贷款	295.50	851.02
	未贴现的银行承兑汇票	53.37	330.61
	其他	219.53	215.38
	合计	7563.35	4889.06

融资项目		2018 年新增	2017 年新增
直接融资	企业债券融资	571.97	408.50
	非金融企业境内股票融资	192.69	473.56
	地方政府专项债	282.87	218.30
	其他	148.34	115.00
	合计	1195.87	1215.36

数据来源：人行杭州中心支行。

(二)金融业态持续集聚

2018 年,全市新增各类银证保金融机构 26 家,其中新增 1 家银行(宁波通商银行杭州分行)、9 家证券营业部、13 家期货营业部、1 家基金公司、2 家证券投资咨询机构。至年末,全市各类银证保金融机构达到 525 家,其中银行业 83 家,具体为分行级以上银行机构 54 家(含村镇银行 7 家)、农村资金互助社 1 家、农村合作金融机构 9 家、信托公司 4 家、财务公司 7 家、消费金融公司 1 家、汽车金融公司 1 家、金融租赁公司 1 家、资产管理公司 4 家、专营机构 1 家;省级以上保险机构 81 家;证券业 361 家,具体为基金公司 2 家、证券公司 5 家、期货公司 10 家、证券投资咨询机构 2 家、证券营业部 257 家、期货营业部 85 家。

(三)银行业强势上行

1.贷款增势强劲

至年末,全市金融机构本外币各项贷款余额 36598.25 亿元,较年初增加 7305.98 亿元,增幅 25.03%,增速高于全省平均水平 7.81 个百分点,居全省首位。分月份看,贷款增速逐月攀升,贷款当月增加额有 9 个月在 500 亿元以上(见图 1)。

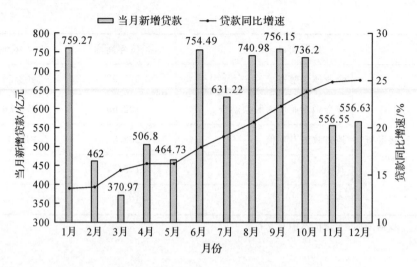

图 1　2018 年全市金融机构本外币各项贷款月度增长情况

数据来源：人行杭州中心支行。

从贷款结构看，年末全市住户贷款余额 13945.67 亿元，较年初增加 4291.99 亿元，占全部新增贷款的 58.75％；非金融企业及机关团体贷款余额 22334.36 亿元，较年初增加 2989.02 亿元，占全部新增贷款的 40.91％。从期限结构看，年末中长期贷款余额 21220.17 亿元，较年初增加 3744.32 亿元，占全部新增贷款的 51.25％（见表 3）。

表 3　2018 年末全市金融机构本外币贷款余额及增幅

指标	年末余额 /亿元	比年初增长 /亿元	同比增减 /％
各项贷款余额	36598.25	7305.98	25.03
其中：一、住户贷款	13945.67	4291.99	44.46
1. 短期贷款	5338.19	2986.99	127.04
2. 中长期贷款	8607.48	1305.00	17.87
二、非金融企业及机关团体贷款	22334.36	2989.02	15.57
1. 短期贷款	7676.57	217.68	3.21
2. 中长期贷款	12612.69	2439.32	23.99

指标	年末余额 /亿元	比年初增 长/亿元	同比增减 /%
3.票据融资	1126.38	310.00	37.55
4.融资租赁	875.23	10.11	1.17
5.各项垫款	43.49	11.90	37.69

数据来源：人行杭州中心支行。

从贷款投向行业看,剔除住户贷款(不含购房贷款)因素,年内贷款增长最快的三个行业分别为房地产开发、信息传输、软件和信息技术服务业,租赁和商业服务业,增幅依次为52.43%、28.65%、22.01%;年内新增额最大的三个行业分别为房地产开发、购房贷款,水利、环境和公共设施,增加额依次为1130.90亿元、897.95亿元、525.67亿元。需关注的是,2018年制造业贷款新增246.36亿元,增幅6%,扭转了之前连续6年的负增长局面(见表4),显示我市民企融资环境有所转暖。

表4　2018年全市各行业贷款情况

贷款投向行业	余额 /亿元	比年初 增减/亿元	同比增减 /%
制造业	4584.00	246.36	6.03
批发和零售业	1877.48	−98.30	−4.68
水利、环境和公共设施	3482.25	525.67	18.19
房地产开发	3376.76	1130.90	52.43
购房贷款	7322.37	897.95	13.85
租赁和商务服务业	2472.17	430.92	22.01
信息传输、软件和信息技术服务业	439.14	95.86	28.65

数据来源：人行杭州中心支行。

从贷款企业类型看,年末大型企业、中型企业、小型企业和微型企业贷款余额分别为6794.02亿元、7992.35亿元、5308.53亿元和980.01亿元,占比分别为32.24%、37.92%、25.19%和4.65%。

从辖内区、县(市)看,淳安、建德、临安贷款余额增速分别为26.30%、

19.89％、19.28％,分列前三(见表5)。

表5　2018 年末区、县(市)本外币贷款余额占比和增速

指标	萧山	余杭	富阳	临安	桐庐	淳安	建德
余额/亿元	3849.81	2066.71	1282.99	645.55	467.02	271.44	367.13
占比/％	10.52	5.65	3.51	1.76	1.28	0.74	1.00
增速/％	15.90	13.17	12.62	19.28	15.71	26.30	19.89

数据来源:人行杭州中心支行。

2.存款增势高位回落

至年末,全市金融机构本外币各项存款余额 39810.50 亿元,较年初增加 3327.27 亿元,增幅 9.12％,高于全省平均水平 0.55 个百分点,居全省第七;新增额占全省的 34.3％。分月份看,存款增速逐月下行,12 月较 1 月下降 6.44 个百分点,显示金融机构资金后续流动性承压(见图 2)。

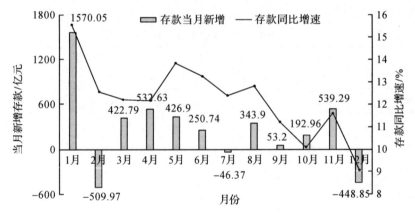

图2　2018 年全市金融机构本外币各项存款月度增长情况

数据来源:人行杭州中心支行。

3.资产质量继续向好

2018 年,全市银行业机构累计实现利润 496.5 亿元,较上年增长 66.4％。至年末,全市不良贷款余额 394.6 亿元,较年初下降 68.6 亿元;不良率 1.10％,较年初下降 0.48 个百分点,低于全省平均水平 0.05 个百分点。

(四)证券期货业省内中心地位稳固

1.证券交易额省内领先

2018 年,全市证券经营机构累计代理交易额 13.78 万亿元,较上年下降 10.0%,交易额占全省的 42.48%。全年实现利润 3.77 亿元,较上年下降 59.9%。年末托管市值 10915.7 亿元,较年初下降 18.3%。证券投资者开户数 648.7 万户,较年初增长 8.3%。

2.期货交易额优势明显

2018 年,全市期货经营机构累计代理交易额 26.93 万亿元,较上年增长 2.96%,交易额占全省的 68.8%。全年实现利润 13.5 亿元,较上年下降 24.2%。年末期货投资者开户数 26.7 万户,较年初增长 9.5%。

3.企业上市(挂牌)队伍继续壮大

2018 年,全市新增境内外上市公司 10 家,占全省新增家数的 36%。至年末,杭州共有境内外上市公司 172 家(境内 132 家、境外 40 家),境内上市公司总数仅次于北京、上海和深圳,列全国第四位。新增浙江省股交中心挂牌企业 555 家、股改企业 276 家,年末共有浙江省股交中心挂牌企业 2242 家、股改企业 2012 家。

4.企业股权融资活跃

2018 年全市股权融资 1953.55 亿元。其中:上市公司 IPO 融资 98.63 亿元;上市公司实施定增募集资金 107.37 亿元;48 家次新三板挂牌企业实施定增募集资金 19.83 亿元;73 家次上市公司并购重组涉及资金 173.16 亿元;企业私募股权融资 1554.56 亿元。①

5.债券融资快速增长

2018 年全市债券融资 1441.2 亿元,较上年增长 21.5%。其中在银行间市场发行债务融资工具 1331.2 亿元;企业债获批 80 亿元;上市企业发行公司债 30 亿元。

(五)保险业企稳回升

受国内保险强监管(主要对象为人身险业务)大背景影响,2018 年全市保

---

① 其中蚂蚁小微金融服务集团有限公司于 2018 年 6 月 8 日获得共计 963.71 亿元融资。

险机构累计保费收入 663.62 亿元,较上年小幅增长 4.72%,占全省的 29.19%。其中财产险保费收入 236.53 亿元,较上年增长 13.96%;人身险保费收入 427.09 亿元,较上年增长 0.22%。分月份看,2 月末全市保费收入增速同比一度大幅下滑 29.21%,之后逐月上行转正。

2018 年,全市保险机构累计赔付支出 202.90 亿元,较上年增长 19.6%,占全省 26.6%。其中财产险赔付支出 133.83 亿元,较上年增长 22.0%;人身险赔付支出 69.07 亿元,较上年增长 15.3%。

(六)新金融业发展迅速

1.私募基金业强势发展

至年末,全市在中国证券投资基金业协会备案的私募基金为 1571 家,较年初增加 201 家;备案基金 4731 支,较年初增加 818 支;管理资产规模 5086 亿元,较年初增加 1123 亿元。私募基金管理人家数、备案基金数、管理资产规模分别占全省的 54.4%、57.2%和 46.7%。

2.互联网金融较快增长

2018 年全市互联网金融业增加值 207 亿元,较上年增长 6.5%,占全市地区生产总值比重 1.5%。杭州辖内法人支付机构共发生网络支付业务笔数 4.34 亿笔,较上年增长 73.6%,金额 7564 亿元,较上年增长 20.9%,笔数和金额省内占比分别为 89%和 80%。

3.金融科技加快发展

杭州银行科技支行年末贷款余额 32 亿元,较年初增长 16%。浙江网商银行贷款余额 501.83 亿元,增长 55.6%。至年末,创投引导基金、天使引导基金当年新增共批复合作项目 24 个,基金规模余额 51.15 亿元;累计共批复合作项目 24 个,基金规模 166.86 亿元。连通公司银行卡清算机构获批筹建。蚂蚁金服完成新一轮 140 亿美元融资。

(七)地方金融业增势稳健

1.地方法人银行机构实力明显增强

至年末,全市 8 家农信系统机构资产总额 5440.5 亿元,较年初增长

9.09%；存款余额 4395.95 亿元，较年初增长 12.47%；贷款余额 3119.47 亿元，较年初增长 15.88%。村镇银行(7 家)存款余额 77.61 亿元，较年初增长 11.94%；贷款余额 88.74 亿元，较年初增长 11.63%。杭州银行、杭州联合银行在英国《银行家》杂志"2018 全球银行 1000 强"中排行第 180 位、第 380 位，较上年分别上升 29 位和 18 位。

2.地方法人信托机构稳步发展

至年末，全市 4 家法人信托公司资产总额 206.6 亿元，负债总额 42.8 亿元，实收信托规模 4849 亿元，其中集合资金信托计划 784 个规模 2658.1 亿元，单一资金信托计划 1559 个规模 1562.6 亿元，财产信托计划 81 个规模 628.3 亿元；全年实现净利润 21.2 亿元。其中，杭州工商信托主营业务收入 11.31 亿元，较上年增长 11.41%；综合资产管理总规模达到 531.16 亿元，较年初增长 2.39%。

3.小贷行业稳健发展

2018 年，全市小贷公司累计放贷金额 259.11 亿元，较上年增长 5.03%；年末贷款余额 131.90 亿元，较年初增长 1%，其中小额贷款余额 53.91 亿元，较年初下降 14.60%。至年末，全市共有小贷公司 54 家，其中亏损单位 8 家。

4.担保行业功能增强

2018 年，全市融资性担保公司累计提供担保金额 599.65 亿元，较上年增长 29%；年末在保余额 481.82 亿元，较年初增长 3.84%。至年末，全市共有融资性担保公司 126 家，较年初增加 3 家，注册资金 154.99 亿元。

5.典当行业快速转暖

2018 年，全市典当公司累计发生典当业务金额 147.94 亿元，较上年增长 12.3%；年末典当余额 26.65 亿元，较年初增长 18.34%。至年末，全市共有典当公司 94 家，较年初增加 13 家，注册资金 28.59 亿元。

6.地方性交易场所规范发展

2018 年，浙江金融资产交易中心累计成交金额 735.91 亿元，较上年下降 17.42%。浙江互联网金融资产交易中心累计成交金额 53.90 亿元，较上年下降 20.17%。浙江股权交易中心累计成交金额 8.11 亿元，较上年增长 9.00%。杭州产权交易所累计成交金额 110.46 亿元，较上年增长 11.28%。

二、地方金融工作推进情况

(一)突出保障重点,着力推动经济高质量发展

1. 全力服务城市建设

贯彻城市国际化和拥江发展战略,引导金融机构突出支持重大基础设施建设、城中村改造和小城镇综合整治。促成国开行等 19 家金融机构与市政府续签战略合作协议,新增北京银行为战略合作银行。20 家签约机构中,17 家银行机构以信贷资金、发债、股权、租赁等方式累计履约投放各类资金 9499 亿元,较上年多投 3895 亿元,增幅 70%,其中市重点建设项目 3405 亿元,产业转型升级项目 2562 亿元,城乡统筹项目 1233 亿元;2 家资产管理公司共收购不良资产债权 150 亿元。

2. 全力服务创新发展

围绕打造"全国数字第一城"目标,以建设国家首批促进科技和金融结合试点城市为载体,以科技银行、产业基金为着力点,积极发展科技金融,推进资本要素向高新技术产业集聚。至年末,作为新动能代表的信息传输、软件和信息技术服务贷款余额较年初大幅增长 29%,增幅创近十年来新高。硅谷孵化器新引进落地海外高科技项目 10 家。加大市创投引导基金、天使引导基金的财政扶持力度,并发挥政府财政资金的引导示范作用,支持注册在杭创投和天使投资管理机构做强做大。同时,探索建设硅谷孵化器取得阶段性成果。

3. 全力服务企业融资

继续灵活运用金融机构支持地方经济发展评价办法等方式,支持在杭银行机构积极向上争取指标,创新投贷结合、抵质押模式等服务,做好企业融资服务。全市民企贷款新增 776 亿元,较上年多增 585 亿元,增幅 11%,较上年提高 9 个百分点。制造业贷款新增 246 亿元,增幅 6%,扭转了之前连续 6 年的负增长局面。出台推进政策性融资担保体系建设实施意见,组建注册资本金暂定为 103 亿元的市融资担保公司,以及区、县(市)两级其他 16 家担保机构,总注册资本共 122.8 亿元。

4. 全力服务消费升级

支持居民合理消费,提升生活水平,促进扩大内需。全市住户消费贷款新增 3708 亿元,较上年多增 2204 亿元。其中购房贷款新增 898 亿元,较上年少增 216 亿元,增幅较上年回落 15 个百分点,有力配合推进了"房住不炒"系列调控措施的落实。

(二)做强发展平台,高标杆打造钱塘江金融港湾和国际金融科技中心

1. 坚持政策引领

出台《关于加快推进钱塘江金融港湾建设更好服务实体经济发展的政策意见》(杭政函〔2018〕53 号),从推动金融产业集聚发展、促进金融更好服务实体经济、支持科技和金融融合发展、营造良好金融生态环境等四个方面,明确一揽子奖补举措,加快建设钱塘江金融港湾。把握金融与科技深度融合发展潮流,把金融科技作为今后杭州新金融发展的主攻方向之一,规划建设国际金融科技中心。引导重点区、县(市)结合实际,制定相应的金融发展扶持政策。

2. 坚持差异化发展

按照钱塘江财富管理核心区、钱江私募基金走廊(带)、钱塘江金融大数据创新基地(带)、钱江新金融众创空间等"一核两带多空间"金融产业功能布局,重点支持核心区和金融特色小镇发展,提升集聚和辐射能级。其中,钱江新城、钱江世纪城核心区新引进浙商银行、农银凤凰基金等一批重点金融机构,目前累计入驻省级以上金融持牌机构 60 余家;5 个金融特色小镇已集聚各类金融服务机构近 5000 家,资产管理规模近 2 万亿元。

3. 坚持招强引优

强化培育、合力招商、优化布局,把钱塘江金融港湾"规划图"转变为"项目图""施工图"。制定年度重点建设项目责任分解方案,大力规划建设钱江新城二期、江河汇金融综合体、钱塘江金融城等港湾 67 个年度重点项目。成功举办第四届(2018)全球私募基金西湖峰会、"2018DEMO CHINA 创新中国总决赛暨秋季峰会"、杭州湾论坛、"西湖·日内瓦湖"金融与科技创新论坛、第二届钱塘江论坛、全球金融科技创新大会暨 Money20/20 首届中国大会等会议论坛,有效扩大了杭州的金融影响力。

4. 坚持发展金融科技

发挥杭州互联网发达优势,加快推进"金融＋科技",抢占发展先机。扶持发展金融科技企业,引导龙头金融科技企业做大做强,加强金融科技领域基础设施建设。加大对科技型企业中小企业的信贷支持力度,鼓励金融机构开展科技金融产品的服务创新。支持创业投资引导基金、天使引导基金、文创产业基金等发展。

(三)推进"凤凰行动",全方位提升企业利用资本市场能力

1. 强化政策扶持

制定出台《关于全面落实"凤凰行动"计划的实施意见》及配套实施办法,全面推进企业上市和并购重组。引导各区、县(市)配套制定辖内实施政策。争取到 2020 年,我市境内外上市公司达 235 家、重点拟上市企业达 100 家,全面形成以上市公司为龙头的现代产业集群。

2. 强化梯队建设

关注报会企业上市进展,跟进协调解决存在问题。推进"独角兽"企业在境内外证券交易所上市。落实市属国有企业"凤凰行动"三年行动计划,明确新增上市挂牌企业、股改企业工作目标。发布首批杭州市重点拟上市企业名单。经努力,2018 年新增上市公司 10 家,新确定重点拟上市企业 102 家,新培育股改企业 276 家,初步形成了上市公司梯队发展队伍。

3. 强化培育服务

与港交所、纳斯达克证交所签署战略合作备忘录,全面深化与上交所、深交所、新三板、浙江股权交易中心等多层次资本市场交易场所的沟通合作,畅通企业上市渠道。成立杭州市企业上市与并购促进会。探索推进企业上市一站式行政服务平台。成立企业上市培训基地、上交所资本市场服务杭州基地,加强各区、县(市)与上交所、深交所、路演平台的合作。举办"凤凰行动"计划辅导培训会。引入高水平投行、律所、咨询评估公司、会计师事务所等提供配套中介服务。

(四)筑牢防控堤坝,坚决打赢防范化解金融风险攻坚战

1. 重点处置网贷风险

成立由市委、市政府主要领导为双组长的防范金融风险暨网络借贷风险处

置领导小组,组建工作专班。深入实施严禁增量、严打违法、严控存量、强化社会稳定、强化舆情管控和引导"三严两强化"举措,严控新增网贷机构和业务规模,确立"以退为主"的工作方针,开展亿元以下机构、实缴资本为零机构、分支机构退出工作,实现机构不再新增、损失不再扩大、风险不再蔓延"三个不再"。强化信访维稳,设置网贷信访分流点,开通网上 APP,畅通投诉渠道。

2.统筹处置其他风险

设立规模 100 亿元的上市公司稳健发展基金,纾解上市公司股权质押平仓风险,着力化解民营企业债券兑付风险和上市公司股权质押平仓风险。推动参与央行民营企业债券融资支持计划。积极协调化解出险企业"两链"风险。推进企业破产重整和债转股。立案侦查涉众案件,继续推进地方性交易所后续整治,风险可控。支持金融机构依法处置不良贷款。支持妥善化解政府债务风险。

3.加强风险排查预警

落实属地责任,配合建设运行全面覆盖所有持牌机构、非持牌机构以及金融违法违规活动的天罗地网防控系统,启动建设杭州市互联网金融风险分析监测平台,完善风险监测预警处置机制。完善金融风险定期分析机制,持续跟踪我市金融风险状况。开展全市涉嫌非法集资排查专项行动和非法集资广告信息排查,推进金融风险网格化管理,做好防范非法集资宣传教育,切实管控乱办金融、非法集资风险源头。

(五)加强党的领导,切实把牢金融改革正确方向

1.完善地方金融工作机制

按照"地方金融由地方金融监管机构统一归口监管"的方向,在市委、市政府统一部署下,推动建立区、县(市)两级金融工作协调议事机制,统筹地方金融改革发展与监管。配齐配强区、县(市)金融办工作力量,履行好属地监管职责。加强与其他部门的沟通,共同推进"最多跑一次"在金融系统的落实。

2.深化金融系统党建工作

坚持"党建+业务"双驱动,做到党建与业务同谋划、同推进。全面加强金融基层党建和行业党建,推进基层党组织设置和活动方式创新。

3.加强金融人才队伍建设

修订完善金融高层次人才分类目录。认定"国千""省千"等高层次金融人才 42 人。签约落户国际金融第一考 CFA(注册金融分析师)考点。提升金融干部专业素养,促进打造一支能干事干成事的金融干部员工队伍。

2018 年杭州市金融运行报告

中国人民银行杭州中心支行

2018 年,在杭州市委、市政府领导下,全市金融系统紧密围绕改革开放、创新驱动、拥江发展、三大攻坚战等重大发展战略,坚持金融服务实体经济导向,提升金融服务水平,优化金融环境,有力支持了杭州经济社会持续健康发展。

一、2018 年杭州市金融运行情况

杭州是全省金融资源、金融要素的主要集聚地。截至 2018 年末,全市共有金融机构 525 家,当年新增 26 家。社会融资规模增量 8759.2 亿元,同比增长 43.5%;金融业增加值 1197 亿元,同比增长 9.0%,占 GDP 比重 8.9%。

(一)银行业稳步发展,信贷规模增速较快

1. 银行业规模继续扩大,经营绩效良好

截至 2018 年末,在杭银行业金融机构共有 76 家[①]。2018 年杭州市银行业金融机构全年实现利润总额 610.2 亿元,同比增加 225.5 亿元。

2. 存款总体平稳增长,住户存款增长较多

截至 2018 年末,全市金融机构本外币存款余额 39810.50 亿元(见表 1),同比增长 9.12%;2018 年存款累计新增 3327.27 亿元,同比多增 230.08 亿元。从存款结构看:一是住户存款增长较多。2018 年,全市住户存款新增 1527.66 亿元,同比多增 1350.5 亿元,增长 17.62%。二是非金融企业存款稳步增长。

[①] 包括政策性银行 3 家,国有商业银行 5 家,股份制商业银行(浙商银行为总行)12 家,邮政储蓄银行 1 家,城市商业银行 12 家,农村合作金融机构 8 家,村镇银行 7 家,外资行 14 家,民营银行 1 家,信托公司 4 家,租赁公司 1 家,财务公司 5 家,资金互助社 1 家,消费金融公司 1 家,汽车金融公司 1 家。

2018 年,全市非金融企业存款余额 17410.10 亿元,同比增长 6.72%。三是广义政府存款增长较快。2018 年全市广义政府存款余额 8442.88 亿元,同比增长 17.87%。其中,全市财政性存款和机关团体存款余额分别是 1857.90 亿元和 6584.98 亿元,分别同比增长 30.62% 和 14.72%。四是 2018 年全市非银行业金融机构存款余额 3499.23 亿元,同比下降 14.18%。

表 1 2018 年末杭州金融机构本外币存贷款情况   单位:亿元

机构	存款余额	贷款余额
政策性银行	567.49	4831.85
商业银行	31045.52	25233.79
其中:国有商业银行	13694.44	9710.00
股份制商业银行	11319.64	10856.92
城市商业银行	6031.44	4666.87
农村合作机构	4380.01	3117.97
邮储银行	672.50	892.53
民营银行	626.46	501.83
村镇银行	77.61	88.74
财务、信托、租赁公司	1027.73	1639.15
外资银行	374.97	339.15

数据来源:中国人民银行杭州中心支行。

3. 贷款增长较快,不良贷款率持续下降

截至 2018 年末,全市金融机构本外币各项贷款余额 36598.25 亿元,同比增长 25.03%,增速高于全省 7.54 个百分点;全年累计新增贷款 7305.98 亿元,同比多增 4204.04 亿元。从贷款部门结构看,年末全市住户贷款余额 13945.67 亿元,较上年末增长 4291.99 亿元,同比增长 44.465%;非金融企业及机关团体贷款余额 22334.36 亿元,较上年末增长 2989.02 亿元,同比增长 15.57%。从贷款期限结构看,年末中长期贷款余额 21220.17 亿元,较上年末增加 3744.32 亿元,同比增长 21.43%;年末短期贷款余额 13014.76 亿元,较上年末增加 3204.67 亿元,同比增长 32.67%。从贷款质量看,年末全市不良贷款余额 394 亿元,比年初减少 69 亿元;不良贷款率 1.10%,比年初下降 0.48 个百分点,低于全省 0.05 个百分点,创 2012 年 5 月以来新低。

(二)证券业发展总体平稳,新增融资规模有所下降

2018 年,杭州证券行业运行平稳,多层次资本市场建设持续推进,资本市场功能有效发挥(见表 2)。

表 2 2018 年证券业基本情况

项　目	数　量
总部设在辖内的证券公司数(含资管公司)/家	5
证券营业部数/家	257
总部设在辖内的基金公司数/家	2
总部设在辖内的期货公司数/家	10
期货营业部数/家	85
年末国内上市公司数/家	132
境内上市公司年度累计募集资金总额/亿元	264.75
其中:首次发行累计筹资额/亿元	8.61
再融资累计筹资额/亿元	256.14

数据来源:浙江证监局。

1. 证券期货业经营绩效下降

2018 年末,全市法人证券公司(含资产管理公司)5 家,证券营业部 257 家,证券投资咨询机构 2 家。证券经营机构全年累计代理交易额 13.78 万亿元,同比下降 10.0%;实现利润 3.77 亿元,同比下降 59.85%。各法人证券公司继续推动证券经纪业务转型和产品创新。期货业发展总体平稳,期货经营机构代理交易额 26.93 万亿元,同比增长 2.96%;实现利润 13.53 亿元,同比下降 24.16%。

2. 资本市场新增挂牌家数继续增加

2018 年末,全市共有境内上市公司 132 家,其中,主板上市公司 60 家,中小板块上市公司 34 家,创业板上市公司 38 家;"新三板"挂牌企业累计达 324 家。截至 2018 年末,全市备案的私募基金管理人 1571 家,较年初增加 201 家;备案基金 4731 支,较年初增加 818 支;管理资产规模 5086 亿元,较年初增加 1123 亿元。

(三)保险业规模稳步扩大,保费收入增速变缓

2018 年,全市保险业积极贯彻新发展理念,深化保险业改革创新,完善市场体系,拓宽服务领域,服务实体经济能力进一步提升。

1. 保险机构体系完善

截至 2018 年末,全市共有各类保险机构 659 家,保险专业中介法人机构 74 家。保险机构、中介机构、行业社团共同发展的市场格局更趋成熟(见表 3)。

2. 保费收入增速分化

2018 年,全市保险公司保费收入 663.62 亿元,同比增长 4.72%。其中,财产险保费收入 236.53 亿元,增长 13.96%;人身险保费收入 427.09 亿元,增长 0.22%。保险业经营效益继续平稳增长,法人机构偿付能力有所改善,投资收益情况良好。

3. 保险保障功能有效发挥

平稳推进政策性农业保险,提升参保规模。政策性农房保险实现承保全覆盖。发挥出口信用保险保障作用,企业积极通过保险追偿、赔付挽回损失。小额贷款保证保险不断扩面。2018 年支付各类保险赔偿款 202.90 亿元,同比增长 19.61%,占全省的 26.63%。其中,财产险赔付支出 133.83 亿元,增长 22.0%;人身险赔付支出 69.07 亿元,增长 15.25%。

表 3　2018 年杭州保险业基本情况

项　目	数　量
总部设在辖内的保险公司数/家	4
其中:财产险经营主体/家	1
寿险经营主体/家	3
保险公司省级分支机构/家	80
其中:财产险公司分支机构/家	36
人身险公司分支机构/家	44
保费收入(中外资)/亿元	663.62
财产险保费收入(中外资)/亿元	236.53
人寿险保费收入(中外资)/亿元	427.09
各类赔款给付(中外资)/亿元	202.90

数据来源:浙江银保监局。

(四)市场融资规模进一步扩大,各类市场运行平稳

1.融资总额持续提升,贷款增速较快

2018 年,全市非金融部门以贷款、企业债务工具、股票三种方式融入资金总额分别为 7306 亿元、1331 亿元和 193 亿元。其中,各项贷款增长最快,是上年的 2.4 倍。

2.同业拆借交易高速增长,净拆入规模稳步增加

2018 年,全市银行间市场成员累计拆借 148198 亿元,同比增长 206%,增速比上年高 181 个百分点。净拆入资金共计 43651 亿元,同比增长 12.3%。

3.黄金市场交投活跃,外汇市场稳步发展

2018 年,全市银行业法人金融机构在上海黄金交易所共开展黄金业务 8815 亿元,是上年的 1.6 倍。全市在银行间即期外汇市场的交易币种以美元为主,交易方式以询价交易为主。

(五)金融服务水平持续改善,各项业务有序开展

1.信用体系建设稳步推进

一是二代征信系统上线试运行。截至 2018 年末,全市全年累计查询 3225 万笔,共有 54 家小额贷款公司、村镇银行等小微机构接入系统,系统覆盖面和服务范围有效延伸。二是多元化、多层次的征信市场体系逐步形成。截至 2018 年末,全市共有 4 家机构完成企业征信机构备案,累计采集 5334 万户企业的 6215.9 条企业信息,对外提供 1.86 亿次企业征信服务。三是中小微企业和农村信用体系建设持续深化。截至 2018 年末,全市累计为 3.55 万户尚未与银行发生信贷关系的中小微企业建立信用档案;已累计为 118 万农户建立了信用档案,对其中 86 万农户发放了贷款,有效达到金融支农惠小的目的。

2.支付服务市场平稳发展

一是加强支付清算基础设施应用管理。2018 年,杭州市通过大、小额支付清算系统办理支付业务 1.87 亿笔,同比下降 2.09%,金额 256.83 万亿元,同比增长 25.91%。二是落实支付市场监督管理职责。持续打击防范电信网络新型违法犯罪,开展支付机构风险专项整治及预付卡违规经营整治专项行动。三

是着力优化企业开户服务。贯彻落实"放管服"改革要求,全面优化企业开户服务,全省企业开户时间由原来的 8—9 个工作日压缩至 3 个工作日以内;稳妥开展台州试点取消企业银行账户许可工作,形成"五个一"的试点经验。四是推进城乡支付环境建设。组织实施"智慧支付工程"和"移动支付便民示范工程",电子支付方式在民生领域得到广泛应用。五是持续开展银行卡助农服务。2018 年度共发生各类助农业务 195.1 万笔,金额 19.57 亿元,其中,助农取款业务 74.29 万笔,金额 6.42 亿元,现金汇款业务 47.92 万笔,金额 3.27 亿元,转账汇款业务 14.8 万笔,金额 8.43 亿元,代理缴费及其他业务 58.09 万笔,金额 1.45 亿元。

3. 外汇管理服务便利化持续推进

截至 2018 年末,全市有 1078 个银行机构网点开办结售汇业务,242 个银行机构网点开办远期结售汇业务、155 个银行机构网点经营期权业务。全市共有 22 家企业参与外汇资金集中运营管理试点,2018 年全年跨境收支 17.71 亿美元,占全省的 48.34%。

4. 跨境人民币业务企稳回升

截至 2018 年末,杭州市跨境人民币累计结算量 3471 亿元,同比增长 20.5%,占全省的 56%。其中,货物贸易出口人民币结算 519 亿元;货物贸易进口人民币结算 540 亿元;服务贸易及其他项目人民币结算 827 亿元,同比增加 286.8%;直接投资人民币结算额 529 亿元,同比增长 92.6%;跨境融资 115 亿元,同比增长 6.7%。2018 年全市共办理 36 家跨国企业跨境人民币双向资金池业务备案,可融入资金规模 2162 亿元。全市累计有 43 家银行、3964 家企业与 106 个国家和地区开展跨境人民币业务,参与主体范围和地区分布更加广泛。跨境人民币贸易累计融入资金 58 亿元,有效满足了出口企业的融资需求。

二、需要关注的几个问题

(一)民营企业和小微企业融资困境有待破解

2018 年,在去杠杆、防风险的宏观背景下,部分民营企业受到外部因素和经济周期性因素叠加影响,企业经营遭遇困难,出现股权质押爆仓,金融机构"惜贷""抽贷"现象。与此同时,银行信贷大量向政府类项目、国有企业和房地产行业倾斜,对小微企业融资也形成一定"挤出"效应。2018年杭州市小微企业贷款当年新增574.5亿元,同比增长10.1%,比全市各项贷款增速低14.9个百分点。

(二)部分领域的金融乱象仍然比较突出

互联网金融经过强化监管和整治,社会金融秩序已明显好转。但存量风险尚未完全化解,非法集资、乱办金融等现象依然存在,花样不断翻新。互联网金融行业准入制度和长效监管机制还不完善,部分银行与非持牌机构开展合作,甚至直接提供资金,存在风险向银行系统传染的可能;部分高风险互联网金融产品兜售给了缺乏风险承受能力的投资者,加大了金融脆弱性;各类民间投资公司、理财机构等以"金融创新""财富管理"等名义开展资金募集,有的甚至演变为非法集资活动,影响了经济金融和社会稳定。

(三)棚改融资潜在风险值得关注

近年来,地方政府融资的规范管理继续向纵深推进,要关注政策变化对棚改项目的影响。据了解,根据中央有关规定,财政部门认定超过三年财政中期规划的棚户区改造政府购买服务属于违规变相举借债务,要求2018年起存量债务纳入五年化债计划进行化解,确有困难的最长延时不超过3年。从严管理规范棚改项目融资有利于防范风险,但短期内,可能对政府新建、在建棚改项目进度、银行信贷资产安全产生一定的负面影响。

三、下一步工作重点

(一)保障融资总量平稳增长,加大政策工具支持力度

一是落实双支柱调控,引导金融机构切实围绕金融服务实体经济的本质要求,强化预调微调,做好杭州市经济社会发展所需的金融资金保障。二是继续拓宽直接融资渠道,引导金融机构加强产品创新,推动绿色债务融资工具、双创债务融资工具发行,实施好民营企业债券融资支持工具推广工作,带动民营企业信贷、债券、股权等融资渠道改善。三是定向滴灌,用好货币政策工具。鼓励在杭金融机构积极向其总行争取更多的政策资金支持。大力推进信贷资产质押再贷款业务,推广票交所系统纸电融合再贴现业务电子化,创新支小再贷款"先贷后借"模式,提高再贷款再贴现使用效率。提高大额存单发行规模,把地方法人机构大额存单发行额度从一般存款余额的 12% 提高至 14%,拓宽金融机构稳定资金来源渠道,提升服务实体经济能力。

(二)继续优化信贷结构,支持经济调整和转型升级

一是优化对制造业转型升级的金融支持与服务。加大金融产品、服务模式创新,提高金融服务先进制造、智能制造等新动能的水平。引导各类银行发挥差异化优势,形成金融服务协同效应。二是加大与全市重要战略、重大项目的金融对接力度。进一步支持杭州市跨境电商综试区、特色小镇、互联网金融创新中心、杭州城西科创大走廊、城东智造大走廊、钱塘江金融港湾等规划建设。三是加大对民企和小微企业的融资支持力度。引导金融机构落实好竞争中性原则,对国有、民营经济一视同仁,按照市场化原则加大对民企、小微等薄弱环节的融资支持。继续推动实现降低小微企业融资成本,督促金融机构切实落实好对小微企业实行内部资金转移定价(FTP)和贷款收益单列考核。

(三)加强金融风险防范,维护金融市场稳定运行

一是加强金融风险研判和预警,引导金融机构提高稳健经营意识,进一步改善资产质量。密切监测结构性去杠杆过程中的流动性风险,保持市场流动性合理充裕,加大对外贸企业应对贸易摩擦的支持。二是加强互联网金融监管,防范互联网金融风险。继续配合做好互联网金融专项整治工作,促进互联网金融企业规范发展。加强与中国反洗钱监测分析中心对接,努力完善资金流向协查机制。三是加强银银、银企、银院间的交流协作,持续、全面推动和落实破产重整、债转股等相关工作,深入推进供给侧结构性改革。

运 行 篇

2018 年杭州市银行保险业发展报告

浙江银保监局

2018 年,杭州银行保险业在市委、市政府的关心支持和监管部门的引导推动下,坚持稳中求进总基调,坚定不移贯彻新发展理念,立足杭州实际,大力推进钱塘江金融港湾建设,着力优化金融服务,坚决打好风险攻坚战,有力支持了地方重大发展战略和保障民生。

一、全力支持实体经济高质量发展

(一)加强监管引领

出台强信心稳预期促进实体经济高质量发展十条意见,建立服务实体经济质效评价机制,大力实施"保险+"行动计划。对银行机构服务制造业、小微企业、重大项目等实体经济重点领域和薄弱环节情况建立监管考评机制,配套实施市场准入、监管评级、现场检查等差异化监管政策,强化监管激励,提高银行服务实体经济的内生动力。2018 年末,全市各项存款余额 39810 亿元,同比增长 9.12%;各项贷款余额 36598 亿元,新增 7306 亿元,同比增长 25.03%,贷款余额、增量均居全省首位;全年实现保费收入 664 亿元,同比增长 4.7%,保费规模位列全省首位,累计赔付 203 亿元,保险资金通过债权、股权投资计划方式累计在我市投放 26 亿元。

(二)深化普惠金融服务

出台浙江银行业"智慧小微"金融服务行动计划、服务乡村振兴战略行动计划,推进银行业积极运用信息科技,通过"跑街"加"跑数"方式,打造"移动办贷"

平台,构建线上线下综合服务渠道,提升普惠金融服务效率。推进小额贷款保证保险、出口信用保险等全国首创或领先的政保合作项目。推广"两跑三降"普惠金融服务模式,聚焦小微企业、农村经济发展的重点领域和薄弱环节,量身定制特色多元金融产品,使金融服务直接触达传统技术手段难以覆盖的群体。2018年末,全市小微企业贷款余额8598亿元,新增1323亿元,同比增长18.19%,小微企业和涉农贷款余额、户数等继续位居全省第一。创新担保方式,推广"银税合作"线上模式,30余家银行机构与浙江省国税局签订合作协议,15家机构通过系统直连获取税务信息,推出专项信用信贷产品100多款。在拱墅区首创电梯养老保险,形成全国样板模式,2018年度,拱墅区累计签约电梯1580台,电梯投诉率得到有效改善。

(三)加强重点领域金融支持

围绕杭州城市国际化、拥江发展、创新驱动发展,不断加大金融支持力度。2018年,杭州银行业新签银团贷款项目42个,金额842亿元,项目数和金额均位居全省首位。建立制造业专项信贷支持机制,推动制造业贷款扭转下跌势头,同比多增255亿元,余额位居全省第一位。积极支持城中村改造工程,提高城市功能品质,保障性安居工程贷款比年初增加608亿元,其中棚户区及垦区危房改造贷款比年初增加613亿元,同比增长45.24%。深入实施"一号工程",积极培育新发展动能。2018年新增信息科技业贷款148亿元,同比增长41.0%;新增战略性新兴产业贷款198亿元,其中,新能源汽车产业、新一代信息技术产业贷款分别增加90亿元、70亿元。

二、积极支持杭州重大发展战略

(一)大力支持钱塘江金融港湾建设

引导银行业以钱江新城、钱江世纪城为中心,在沿江两岸港湾区域优化空间布局,多数法人机构总部、商业银行省级分行已经入驻钱江新城。优化组织管理体系,切实强化对杭州的金融服务,批复工商银行、农业银行、建设银行省分行营业部分别更名为工商银行、农业银行、建设银行杭州分行。强化银行业金融机构参与特色小镇建设,为重大项目建设、高新技术产业发展等领域提供金融支持。针对港湾区域科技型企业众多的特点,积极探索投贷联动等科技金融服务模式支持企业发展。

(二)助力打造杭州国际科技金融中心

引导银行业深化金融与科技结合,运用金融科技实现数字化发展,创新业务模式、流程,推动金融与科技精准对接。深化"银税互动""银商合作",拓宽数据来源,提升数据应用能力。打造"智慧银行",推动传统网点向金融服务综合平台转变。加强对科技型企业提供投贷联动等针对性金融服务,创新知识产权质押等科技金融服务模式,提升金融服务科技型企业质效。引导保险业积极对接"一带一路"枢纽行动计划,加快培育发展新动能行动计划、大湾区大花园大通道大都市区建设等战略,加大保险资金支持力度。2018年末,全市累计注册债权投资计划18项,规模达248亿元;累计注册股权投资计划1项,规模达90亿元。

(三)不断打造金融发展新格局

抓住杭州"后峰会、亚运会、现代化"的关键时期,围绕杭州建设"区域性金融服务中心"的目标,积极推动健全完善多层次、广覆盖、有差异的银行保险业金融机构体系,2018年新设银行网点41家、新增保险机构2家。目前,全市已设有小微企业专营支行121家、社区支行129家。太平科技保险公司将经营机构迁至杭州,与省科技厅等部门签订战略合作协议,开发专利保险等新型险种,为在杭科技企业提供一揽子风险管理服务。

三、坚决打好风险防范化解攻坚战

(一)强化风险源头治理

制定银行业"清雷防险"三年攻坚行动方案,全面排查信用风险,有效处置重大风险隐患,积极防范银行业各类风险。有针对性地开展现场检查和现场督导,在保持区域经济平稳运行中逐步拆除"炸弹"。2018 年末,全市银行业不良贷款率、关注类贷款率、逾期贷款率为 1.10%、2.46%、1.30%,分别比年初下降 0.48、0.41、0.66 个百分点,贷款质量列全省第四位。

(二)全力化解"两链"风险

充分运用"五位一体"帮扶机制、组建债委会,配合稳妥处置杭宝集团、富丽达集团、贝因美集团等企业债务风险。推动处置安邦系风险,以及浙商保险侨兴私募债等保证保险业务风险,引导银行保险机构妥善处置股票质押风险,加快推进银行不良资产处置,鼓励银行综合运用批量转让、核销、现金清收等方式加快处置,全年共处置不良贷款 406 亿元,近三年已累计处置不良贷款 1290 亿元。

(三)有效应对互联网金融平台风险

严格落实"三严两强化"部署,制定"严禁增量风险"工作指引、"三个一批"分类处置工作指引、"三控"工作指引,摸清网贷机构风险底数,建立联合执法机制,动态监测、逐一甄别,实行"一户一档"管理、"一企一案一策一班"做法。成立网贷风险应对工作专班,牵头组建 60 人风险应对工作组进驻重点区县。召开合规检查专题培训会,推进合规检查,实行"挂图作战",坚持以查促改,以查促清,推动网贷存量风险逐步化解。开展政策培训,约谈督导重点地区,持续做好出险平台清查、舆论引导、信访维稳等工作。

四、深化银行保险业改革创新

(一)深化机构改革创新

引导银行机构以"最多跑一次"改革精神为引领,借助互联网、大数据,不断践行群众办事"只进一扇门""最多跑一次"精神。完成办事事项规范化、标准化及电子化清单建设,全年归集行政许可办事数据 2287 条。会同省自然资源厅推进银行业机构不动产抵押登记网络化工作。深化保险中介行政审批改革,精心推进商业车险费率、人身险费率、农村保险互助社、税优健康险等改革,让老百姓受益。稳妥有序推进非银机构设立,积极推动非银机构和民营银行稳健发展,指导外资银行发挥跨境经营优势,为全市企业"走出去"、降低融资成本和规避市场风险提供特色化差异化的金融服务。

(二)打造杭州特色金融品牌

引导银行业积极对接、支持中国(杭州)跨境电商综试区建设及电商企业发展,充分发挥银行业在系统平台对接、跨境金融服务、特色金融产品等方面的优势,创新产品和服务模式。支持杭州市服务贸易创新发展试点,指导银行业金融机构依托全球服务网络优势,充分发挥内引外联作用,创新符合服务贸易企业需求的融资产品和服务。大力发展海外投资保险,加大承保支持力度,全年承保的项目覆盖国际物流、工程承包、劳务、安防软件等领域,服务贸易保险承保金额6.1亿美元,为企业提供风险保障22亿美元,便利企业融资17亿美元。

(三)建立银行业联合会商帮扶机制

组织召开浙江银行保险业支持民营企业民营经济高质量发展大会、银行业联合会商帮扶机制推进会,出台十大工作举措,实施扶强、帮困和出清"三大工程"。有序推进联合授信试点工作,制定专门推进方案,建立"两型一单"联合授信模式,确定首批重点试点企业报银保监会备案。研发"浙江银行业授信支持系统",集成信息查询、业务登记、失信惩戒、授信监测等多种支撑功能,全年通过联合惩戒逃废债信息平台发布税务黑名单430条,正式发布逃废债信息1045条,纠正逃废债行为247起,挽回约30亿元金融债权损失。

五、严格依法监管,维护良好金融秩序

(一)加强监管处罚力度

制定浙江特色的《银行业经营管理负面清单》110条,部署银行业开展清单

式排查。稳妥有序开展银行保险业治理工作,全面覆盖各类别机构,严肃查处违规行为。2018 年对杭辖银行保险业机构作出行政处罚决定 50 件,处罚金额 1931 万元,累计对 21 家机构采取审慎监管措施。坚决遏制资金空转和脱实向虚,力促信贷资金回归实体经济。

(二)强化金融消费者权益保护

完善"五位一体"消保工作格局,开展营业场所销售行为、银行代理保险业务现场检查,扩大金融知识宣传教育覆盖面,组织开展"金融知识普及月金融知识进万家"暨"提升金融素养争做金融好网民"活动,发放各类宣传材料 235 万份,各类媒体宣传投放累计 9.5 万次。制定《浙江省银行业人民调解工作考核评价办法》,2018 年,银行业纠纷调解机构共调解成功 762 笔,涉案金额 5.5 亿元。开展"3·15"保险消费者权益保护系列活动,制作传播的"小胖说保险"系列口播音频获得《中国保险报》"十佳新媒体"奖。

(三)着力推进处非、打击电信网络诈骗

组织开展非法集资风险专项排查,借助"天罗地网"监测防控系统,强化对非法集资风险的监测预警,向相关部门报送线索 6561 条,涉及金额 127 亿元。配合杭州公安部门打击新型人伤车险欺诈涉黑案件,联合有关部门规范司法鉴定行业秩序。配合开展打击防范通信网络新型犯罪,简化电信诈骗冻结资金返还程序,联合开展实地督导检查,2018 年以来,累计阻截清理非实名银行账户 755 个,封停银行账户 8056 个,银行端累计阻截电信诈骗案件 3741 起,涉案金额 7342 万元。组织开展防范非法集资、打击电信网络新型违法犯罪集中宣传月活动,宣传月期间银行业金融机构共组织或参与各类宣传活动 3500 余场,发放宣传手册及资料 80 万份。

下一步,浙江银保监局将按照银保监会和省、市政府的决策部署,结合杭州实际,积极引导杭州辖内银行保险业融合发展,深化体制机制改革和产品服务创新,扶强帮困,支持实体经济高质量发展和产业转型升级,持续打好防范化解金融风险攻坚战,维护良好金融市场秩序和信用环境,有力支持钱塘江金融港湾建设和打造国际科技金融中心。

2018 年杭州市资本市场发展报告

浙江证监局

2018 年,在有关部门的不懈努力和通力配合下,杭州资本市场抓住国内、省内经济稳中有进、稳中向好的有利时机,迎难而上,在复杂的形势下保持稳定健康发展。

一、杭州资本市场发展概况

(一)企业上市挂牌节奏领先,后备资源充足

2018 年,杭州新增境内上市公司 4 家,占全省新增总数的 23.53%,位居全省第一;新三板挂牌企业减少 60 家。截至 2018 年底,杭州共有境内上市公司 132 家,其中中小板上市公司 34 家、创业板上市公司 38 家;新三板挂牌企业 324 家;浙江股权交易中心挂牌企业 2242 家。另外,全市尚有拟境内上市企业 64 家,其中辅导期企业 47 家,已报会待审核企业 14 家,已过会待发行企业 3 家。杭州企业上市节奏在省内领先,在各个市场板块之间形成明显的梯队效应,为多层次资本市场发展打下较好基础。

(二)股权融资略有下降,债权融资规模增长

2018 年,杭州共有 3 家公司在境内 A 股市场完成 IPO,融资 8.61 亿元,同比下降 94.96%。其中,1 家公司在主板上市,融资 3.22 亿元;2 家公司在创业板上市,融资 5.38 亿元。14 家上市公司实施再融资,募集资金 256.14 亿元,同比下降 18%。其中,9 家上市公司进行增发融资,募集资金 107.37 亿元。2018 年,杭州共有 21 家企业发行公司债券 42 只,发行规模 553.48 亿元,是

2017 年的 2.2 倍。如表 1 所示。

表 1　2018 年杭州境内上市公司情况

序号	指标名称	2017 年末数	2018 年新增数	2018 年末数
1	境内上市公司/家	128	4	132
2	其中:主板/家	58	2	60
3	中小板/家	34	0	34
4	创业板/家	36	2	38
5	募集资金/亿元	2855.20	264.75	3119.95
6	其中:首发募资/亿元	809.91	8.61	818.52
7	其中:主板/亿元	351.54	3.22	354.76
8	创业板/亿元	191.58	5.38	196.96
9	再融资/亿元	2045.29	256.14	2301.43
10	已报会企业/家	31	—	14
11	辅导期企业/家	58	—	47

(三)证券经营机构回归本源,服务实体能力提升

　　截至 2018 年底,杭州共有证券公司 5 家,证券公司分公司 53 家,证券营业部 257 家,证券投资咨询机构 2 家;全市证券投资者开户数 648.71 万户;证券经营机构托管市值 1.09 万亿元,客户交易结算资金余额 319.73 亿元。2018 年,全市证券经营机构共实现代理交易额 13.78 万亿元、手续费收入 25.44 亿元、利润总额 3.77 亿元。杭州证券公司充分发挥本土券商主力军作用,通过股权类和债权类投行业务服务企业融资需求,浙商证券、财通证券分别为各类企业融资 195 亿元和 218 亿元。杭州证券基金经营机构积极参与钱塘江金融港湾建设,浙商证券转型母基金已累计投资 100 多个科创项目,2018 年投资金额 6.17 亿元;财通证券 2 家子公司入驻杭州玉皇山南基金小镇,资产管理规模 1564 亿元。

(四)期货公司发展领先,期现结合成效明显

截至 2018 年底,杭州共有期货公司 10 家,期货公司分公司 14 家,期货营业部 85 家;全市期货投资者开户数 26.69 万户,客户保证金余额 344.24 亿元。2018 年,全市期货经营机构共实现代理交易额 26.93 万亿元、手续费收入 12.01 亿元、利润总额 13.53 亿元;期货公司共实现代理交易额 30.76 万亿元、营业收入 32.69 亿元、利润总额 12.73 亿元。在 2018 年期货公司分类评价中,永安期货、南华期货、浙商期货获评 AA。杭州 6 家风险管理子公司通过套期保值、风险管理等期现结合模式,全年累计服务实体企业 4878 家次,实现营业收入 128.03 亿元,净利润 1.68 亿元,在服务中小微企业、"三农"扶贫领域发挥了积极作用。如永安资本创新"现货+含权"、"变相长约"等模式,服务 15 家轮胎企业,帮助企业减少因贸易争端引起的橡胶价格风险;南华资本深耕"保险+期货"业务,开展大豆、鸡蛋、苹果等价格保险项目服务"三农"。如表 2 和表 3 所示。

表 2　2018 年杭州证券期货经营机构情况

序号	指标名称	2017 年末数	2018 年新增数	2018 年末数
1	证券公司/家	5	0	5
2	证券营业部/家	248	9	257
3	证券投资咨询机构/家	2	0	2
4	基金公司/家	1	0	1
5	已登记私募基金管理人/家	1370	200	1571
6	已备案私募基金/只	3913	818	4731
7	已备案私募基金管理规模/亿元	3963	1123	5086
8	证券从业人员/人	5498	−322	5176
9	期货公司数/家	10	0	10
10	期货营业部数/家	72	13	85
11	期货从业人员/人	2550	979	3529

表 3　2018 年杭州证券期货交易情况

序号	指标名称	2017 年末数	2018 年末数
1	证券经营机构代理交易金额/亿元	153069.37	137816.92
2	其中:A、B 股交易额/亿元	85072.74	71067.76
3	基金交易额/亿元	1969.81	2197.18
4	证券经营机构代理交易手续费收入/亿元	33.16	25.44
5	证券经营机构利润总额/亿元	9.39	3.77
6	证券经营机构托管市值/亿元	13357.75	10915.72
7	证券经营机构客户交易结算资金余额/亿元	344.49	319.73
8	证券投资者开户数/万户	598.83	648.71
9	期货经营机构代理交易金额/亿元	261583.67	269330.12
10	期货经营机构代理交易手续费收入/亿元	14.23	12.01
11	期货经营机构利润总额/亿元	17.84	13.53
12	期货经营机构客户保证金余额/亿元	328.29	344.24
13	期货投资者开户数/万户	24.37	26.69

(五)私募行业集聚发展

2018 年,杭州私募基金行业继续向钱塘江金融港湾、金融特色小镇集聚,私募基金产品数量和规模不断上升。截至 2018 年底,杭州共有 1571 家私募基金管理人完成登记,发行产品 4731 只,管理资产规模 5086 亿元。杭州玉皇山南基金小镇、余杭天使小镇等特色小镇的集聚效应日益显著。

二、杭州资本市场发展需关注的几个问题

(一)上市公司行业分布不均,潜在风险因素多样

杭州上市公司行业分布仍以制造业为主,信息技术、现代服务业等新兴产业比重仍偏低。按照证监会门类行业来看,截至 2018 年 12 月 31 日,全市 132 家上市公司中,制造业公司数量过半,共有 73 家,占比为 55.30%;第二大门类行业信

息传输、软件和信息技术服务业有 19 家,占比为 14.39%;以文化体育和娱乐业、租赁和商务服务业、金融业为代表的现代服务业共有 11 家,占比为 8.33%。

2018 年,杭州上市公司总体上稳步发展,但也面临着大股东股票质押压力较大、贸易摩擦、存在商誉减值风险隐患等诸多困难和风险。上市公司整体规模大,带动效应强,其风险极易通过产业链、资金链等向外传导放大,影响企业家的信心和预期,对杭州经济健康稳定发展产生影响。

(二)证券期货公司业务发展任重道远

一是证券公司盈利随市场变化而下降。2018 年,杭州证券公司及其证券资产管理子公司共实现营业收入和净利润分别为 50.46 亿元和 16.4 亿元,同比分别下降 25.22% 和 43.98%,其中经纪业务净收入 13.85 亿元,同比下降 26.41%;投资银行业务净收入 4.9 亿元,同比下降 32.41%;资产管理业务净收入 8.35 亿元,同比下降 29.31%;实现投资收益 18.43 亿元,同比下降 29.31%。二是大部分期货公司目前还停留在传统的以经纪业务为主的阶段,缺乏个性化、高质量的服务和产品。2018 年,杭州期货公司手续费及佣金收入 13.96 亿元,利息收入 13.38 亿元,占营业收入比为 83.65%。三是期货公司资管业务主动管理能力有待加强。前期调研发现,期货公司主动管理的产品规模不到三分之一,且收益率普遍不高,仍以利用现有销售优势为客户选择管理机构进行资产配置为主,对外部投资依赖性较大。

(三)新兴市场主体及证券服务机构规范运作水平有待提高

2018 年,通过加强稽查执法案件宣传、强化私募机构监管、债券监管、会计监管、新三板公司监管、与其他监管部门加强监管协调机制建设等一系列工作的开展,杭州资本市场各类主体规范运营意识不断增强。然而前期检查及调研发现,部分市场主体及中介机构风险防范能力及规范运作水平仍有待进一步提升:私募机构良莠不齐,关联方开展 P2P 业务、集团化运作、投资集中度较高、存在违法违规问题等风险较为突出;"三板"进入改革阵痛期,杭州新三板挂牌企业数目首次出现负增长,部分新三板公司规范运营基础薄弱,在募集资金使用、对外担保和信息披露等方面存在问题;随着杭州资本市场蓬勃发展,证券服务机构在浙注册落地速度加快,然而行业服务能力不能满足杭州资本市场快速发展的需求,分支机构快速扩张,带来总所质量控制能力落后、质控部门把关不严、部分执业人员专业胜任能力存疑等潜在风险。

三、2019 年杭州资本市场发展展望

2019 年,是深入学习贯彻习近平新时代中国特色社会主义思想和党的十九大精神的重要一年,也是决胜全面建成小康社会第一个百年奋斗目标的关键之年。随着资本市场市场化、法治化、国际化改革的推进,杭州资本市场助力供给侧结构性改革、服务实体经济的能力有望进一步提升;同时,浙江作为资本市场"高地",也是薄弱环节和风险隐患暴露较为充分的前沿地带,杭州作为浙江资本市场的领头羊,在补足短板、防范风险等方面大有可为。

(一)服务实体经济和国家战略的能力不断提升

证券市场方面,依托于浙江省政府"凤凰行动"计划有关工作部署,各级地方政府及相关部门对推动企业对接多层次资本市场的重视程度前所未有,杭州企业对接资本市场的政策环境更加有利,参与资本市场、利用资本市场的意识和能力大大提高,上市挂牌企业队伍将继续壮大;随着科创板的推出,杭州科创类企业发展迎来新机遇,抢抓科创板机遇为改善杭州上市公司行业分布状况、深入推进"凤凰行动"计划的实施提供了重要的契机和更为广阔的平台。交易所债券市场方面,随着证监会多项便利直接融资的政策措施出台,杭州企业可更加灵活运用可转债、公司债券创新产品等多元化直接融资工具,助力实体经济发展。期货市场方面,随着杭州期货经营机构深入探索借助期现结合等方式帮助实体企业开展风险管理、实现降本增效,期货市场服务实体企业的广度和深度不断提升。私募基金行业方面,随着基金小镇的规范发展,产业集聚效应不断发挥,作为促进资本形成的有力工具,股权投资基金等私募基金将进一步发挥自身优势,参与多层次资本市场,支持实体经济转型升级,服务杭州中小微企业和创新创业企业实现快速发展。地方交易场所方面,随着清理整顿交易场所"回头看"后续工作、浙江股权交易中心重组改制等工作的推进,地方交易场

所规范发展的长效机制正在逐步建立。

(二)证券期货经营机构向优质化方向发展

在云计算、大数据、互联网、移动端等现代科技对证券期货行业的持续融合渗透的背景下,伴随资本市场的不断扩张发展,证券期货公司传统业务所处的外部生存环境与内部运行机制均发生着显著的变化。一方面,牌照红利持续削弱,价格底线屡屡打破;另一方面,以传统经纪业务为基础的一系列创新业务持续涌现,发展方兴未艾,为证券期货公司转型发展提供了难得的战略机遇。2019年,在市场环境的积极引导下,证券期货经营机构将更注重以客户需求为导向,以服务和专业能力创造价值,更好地满足居民多样化的财富管理需求。杭州证券公司借助上市后资本实力显著增强的契机,有望加快转型发展步伐,由单一传统经纪服务机构向综合财富管理平台转型。

(三)市场环境日趋复杂,风险防控难度增加

当前,资本市场风险防控工作面临的形势依然复杂严峻。从杭州情况看,突出表现在以下方面:一是杭州上市、挂牌公司数量多,证券期货市场体量大,场外市场发展较快,金融期货市场、公司债券市场、私募基金市场在市场整体格局中的分量逐年上升,交叉性金融产品爆发式增长,跨行业、跨市场之间的风险传递增加。二是杭州民营经济发达,上市公司中民营企业占比较高,资本运作活跃,股东股票质押、贸易摩擦、企业所有权转移、"三高"并购等隐含较大风险。上市民营企业整体规模大,带动效应强,其风险极易通过产业链、资金链等向外传导放大,影响市场稳定健康发展。三是新业务、新领域的风险不断集聚。近年来,在各类财富管理与跨界金融活跃发展的背后,各类新金融业态野蛮生长,合规内控意识不强,在市场整体风险袭来时,新金融风险集中爆发并向资本市场各领域渗透传导的形势较为严峻。如私募机构良莠不齐,面临日益繁杂的风险防控压力;债券进入兑付高峰期,个案违约风险进入多发期;新三板挂牌公司规范运营基础薄弱,违法违规行为较为普遍等。2019年,要从维护国家安全的高度做好杭州资本市场风险防控工作,对各类风险苗头审慎高效应对,切实防止个体风险演化为群体风险,区域性风险演化为系统性风险。

2018年杭州市农信系统运行报告

浙江省农信联社杭州办事处

2018年,在杭州市委、市政府和浙江省农信联社的正确领导下,杭州农信系统认真贯彻落实市十三届人大三次会议精神,围绕市委、市政府中心工作,积极发挥本土银行的作用,全力融入我市关于全面推进"六大行动"的部署,实现了规模、效益和风控的良好成效。

一、业务运行总体情况

各项业务实现稳健、较快增长,风险控制有效,经济效益良好。至2018年末,各项存款余额4413.56亿元,比年初增加500.55亿元,增幅12.8%。各项贷款余额3170.27亿元,比年初增加421.23亿元,增幅15.32%。五级不良率为1.17%,比年初下降0.35个百分点。实现账面利润64.3亿元,同比增长16.12%。全年上缴税收27.35亿元,同比多缴7.01亿元,增幅34.46%。

二、重点业务工作

(一)围绕"回归本源"优化信贷结构,夯实普惠基础

全辖深入开展"走千访万"劳动竞赛,加大普惠走访,全面了解有效资金需求。加强大额贷款管理,通过资产转让、申请支小再贷款等工作,为个人和小微业务发展腾挪空间。推进整村授信普惠签约,持续加强社区、市场、园区、小镇等平台的批量营销。年末个人贷款客户覆盖率达19.33%,较年初上升2.28个百分点;小微企业贷款新增249.43亿元,增速16.72%,比各项贷款增速高

1.4 个百分点。积极支持科技文创产业,杭州联合银行与市知识产权局等政府机构合作推动知识产权质押业务、建立专项风险池,全行科技、文创类企业贷款户数超 1500 户,规模近 84 亿元。余杭农商行与杭州未来科技城管理委员会、省担保集团公司签订风险池贷款业务合作协议,进一步加大对未来科技城内小微企业、大学生创业企业的信贷支持力度。

(二)围绕"乡村振兴"优化金融服务,彰显区域特色

始终坚持党建引领,致力打造"以党建促乡村振兴"的杭州农信特色,以"党建＋"推动各项工作。一是以"党建联盟"形成强大合力。建立金融服务乡村振兴长效机制,打造《乡村振兴战略金融服务工程(2018—2022 年)》,明确农信机构服务乡村振兴的方向、目标、重点和相关政策。同时,强化全辖与各级党政机关的对接合作,与当地政府部门联合出台金融支持乡村振兴发展规划或战略合作协议;强化与组织部门对接,搭建服务乡村振兴三级党建联盟,通过党委协作联盟、支部共建联盟、党员创业联盟,积极对接乡村振兴重点项目。推进"三位一体"工作,与市供销社联合下发关于深化战略合作相关工作的指导意见,制定下发农合联农民专业合作社信用评级制度,与杭州供销社农信担保公司签订战略合作协议。富阳农商行与该区农合联、农信担保公司联合推动"三位一体"改革做法,建立"党会联动、党员走亲、党建帮扶"机制,切实帮助农合联会员单位解决实际困难。二是以"金融消薄"凝聚造血机制。高度重视"消薄"工作,杭州办事处先后组织召开杭州农信金融支持"消薄"座谈会和现场工作会,研究部署金融支持"消薄"工作举措。通过与当地政府成立合作基金、发放信用贷款、创新"消薄"扶贫贷款等方式,主动对接薄弱村的项目建设,发展资源开发、物业经营、生产服务、村庄建设等农村经济。如淳安农商行探索实施"公益林收益权质押＋乡村振兴集体发展公司＋扶贫飞地项目"的"消薄"新路径,助力全县 99%以上行政村增收,金融支持"消薄"覆盖面 100%;临安农商行盘活森林资源,创新推出"林易贷"贷款,提供"消薄"化债的优秀案例。三是以"文化助力"做实服务成效。为深入贯彻落实习近平总书记关于"乡村振兴既要塑形,也要铸魂"的指示精神,启动实施杭州农信"文化助力乡村振兴"活动,坚持在党建引领下,推进村银共建,夯实党建基层服务阵地。推动成立杭州农信宣讲团和书法俱乐部,积极搭建乡村文化阵地和文化平台,不断增强杭州农信助力乡村振兴战略的能力。

(三)围绕"最多跑一次"推进渠道建设,做优移动金融服务

1. 内部,推动产品创新与应用

运用技术和大数据助力"最多跑一次"改革,加大对丰收互联、"一码通"等推广力度。扩大"普惠快车""小微专车""企业直通车"等系统应用。推广普惠通手机银行业务。推动"浙里贷"等线上业务产品,以及"票据池""链贷通"试点工作。萧山农商行推广丰收缴费通"开放缴费"产品,拓展场景化和批量化获客模式。建德农商行启动"党建＋道德银行"建设,创建集普惠签约、支付渠道建设和互联网客户覆盖等业务于一体的金融便利村。至 2018 年末,全市农信电子银行替代率 88.59%,比年初提升 4.37 个百分点。持续简化单位结算账户开立流程,通过简化填单模式,拓展线上审核功能,大幅提升人民币单位结算账户开户效率。

2. 外部,推动业务合作与联动

大力提倡"就近办",强化与各地"跑办"的对接,找准"最多跑一次"的抓手。深化与财政、社保、国土、公安、公路部门、征信中心、市民卡公司等多部门的合作,丰富网点代理开办业务,实现百余种非税缴款项目"最多跑一次"。杭州办事处积极与杭州住房公积金管理中心对接,辖内 8 家行社全部获准住房公积金业务委贷行资格。杭州联合银行获中国商业银行竞争力排名"最佳产品创新农商行",萧山农商行获浙江省改革创新优秀单位称号。

三、业务发展展望

2019 年,杭州农信的总体思路是:以贯彻省委"'八八战略'再深化、改革开放再出发"决策部署为指引,在杭州市委、市政府和省农信联社党委的坚强领导下,以服务乡村振兴战略为抓手,以助力"最多跑一次"改革为目标,坚持和加强党的全面领导,夯实根基,创新服务,力争"比学赶超"新成效,努力开创高质量发展新局面。

(一)做强一项特色:"以党建引领乡村振兴金融服务"

1.一是聚焦党建核心

坚持党建重心与发展中心工作的融合,将党建工作融入金融支持乡村振兴、零售银行转型、推进"最多跑一次"改革等中心工作,进一步提升全市农信党建工作水平和实效,打响杭州农信"党建+"品牌。

2.推进联盟共建

结合地方实际,继续推进各行与地方党委政府部门联合建立金融支持乡村振兴三级党建联盟,积极对接乡村振兴重点项目,为联盟成员提供金融服务,助力联盟成员创业增收,助推党员在乡村振兴战略中发挥引领作用。推动"三位一体"改革,推进与农合联的深度协作和有机衔接,进一步创新产品、服务和机制,加强对农合联会员的支持力度。

3.助力"消薄"增收

通过和农办(扶贫办)的对接,实施资金合作、管理合作、服务合作和信用支持及定向帮扶资金补助,支持"消薄"村增收。注重产业支持,大力支持乡村旅游发展,积极推广民宿金融、公益林补偿收益权质押贷款等,创新融资模式,降低融资门槛,增加村集体开发收入,提高薄弱村造血增收能力。

(二)加快一项转型:向"有温情的科技零售银行"转型

1.加速零售化

坚定做小做散的理念,坚持"姓农、姓小、姓土"的核心定位,在机制、资金、人力方面给予零售业务更多支持;持续推进增户扩面,严控大额贷款,把更多金融资源配置到乡村振兴的重点领域和薄弱环节,加大对普惠领域贷款、小微企业、涉农贷款以及绿色金融等贷款投放。在美丽乡村建设、小城镇综合整治、老旧小区改造、特色小镇建设、园区开发升级、大型项目引进与开发等方面加大信贷投放,扩大领先优势。大力支持民营企业发展,把握和处理好"利"和"义"的关系,做有情怀、有责任、有影响力的银行,不遗余力支持民营企业发展。针对不同类型、不同发展阶段的民营企业特点,推动实施"一行一策""一企一策"支持,持续满足民营企业成长发展的贷款需求。对出现暂时困难但有脱困可能的民营企业,不抽贷、不压贷、不延贷,制定切实可行的帮扶措施,尽力帮助民营企业走出困境。创新产品体系和担保方式,实施减费让利,缓解民营企业"融资难"的问题。

2. 坚定社区化

完善网格服务体系和增值服务体系,以新型社区、产业社区拓展为目标,针对性设计产品流程、审批机制、风险控制、考核评价等环节,打造社区银行业务新亮点和新增长点。推进机构网点转型,做好网点智能机具规划和应用,积极探索网点人员柜组组合和运营模式变革。助力"最多跑一次"改革,加强与各类提供公共行政服务的政府机关和企事业单位合作,拓宽代办业务种类,延伸服务内容。加快丰收驿站、联华小店等的推进力度,打造综合性、全方面的金融服务站点。

3. 力推线上化

以"浙里贷"、丰收互联等为抓手,不断推动个人小额信贷业务与小微业务线上渠道建设。抓好互联网金融产品创新与服务,以省农信联社行业应用云平台为依托,持续推进"互联网＋"环境下农信金融服务与社会生活场景的结合,深入推进"智慧农信"建设等行业应用和互联网金融场景应用,积极搭建多方合作的服务平台。

(三)健全一个体系:全面精细化管理体系

1. 坚持向风控要效益

做好全面风险管理,加强信用风险预警监测,推进信贷基础等级评价。对于房地产、担保链圈等重点风险领域建立风控长效机制,做实"贷款三查",前置风险防控。通过清收、平移、诉讼、核销等措施,打好不良化解攻坚战,控新增、降存量。高度重视资金业务风险,健全决策机制,完善风控体系。强化对操作风险、合规风险、案件风险、市场风险、信息科技风险、交叉性金融风险的防控,持续推进内控体系和"三道防线"建设。

2. 坚持向管理要效益

推动管会系统落地,在盈利分析、考核评价、利率定价、预算管理、流动性管理等方面深入运用好管理会计工具。加强反洗钱管理,围绕提升基础数据质量,开展反洗钱客户身份识别专项治理活动,切实提高反洗钱合规管理能力。

3.增强审计监督

突出对重要岗位、重要人员的风险排查,强化对重点领域、重点业务的审计监督,着重关注党员干部、客户经理行为、重大政策落实情况等风险领域。积极创新审计手段,充分运用科技支撑审计,探索大数据审计工作方式,精准对焦疑点数据,提升审计有效性。

2018 年杭州市小额贷款行业发展报告

杭州市金融办

一、杭州市小贷公司发展情况概述

(一)基本情况

至 2018 年 12 月底,全市小贷公司共 54 家,其中注册地在上城 2 家、下城 5 家、西湖 3 家、江干 5 家、拱墅 3 家、高新 4 家、萧山 8 家、余杭 6 家、桐庐 3 家、淳安 2 家、建德 3 家、富阳 6 家、临安 4 家,注册资本总额为 105.32 亿元,较上年年末下降 6.98%(由于下城美达、金昇、浙江祐邦 3 家小贷公司暂停开展业务,文中数据均不含这 3 家小贷公司)。2018 年,杭州市未新增或注销小贷公司,我办批复了富阳浙丰、富阳荣泰、萧山永诚 3 家小贷公司减资,减资额总计 4.5 亿元。除上城文广、西湖浙农、浙江林业、浙江文创、浙江兴合、浙江农发小贷公司为国有主发起外,其余均为民营资本主发起设立。

(二)经营与管理情况

2018 年,杭州市小贷公司经营情况较为平稳,各项数据逐渐回暖。主要表现在以下几个方面。

1.贷款规模逐步回升

至 2018 年 12 月底,全市小贷公司贷款余额为 1.93 万笔、134.79 亿元,其中发放小额贷款余额为 1.74 万笔、55.95 亿元,占比分别为 90.01%、41.51%。2018 年,杭州市小贷公司贷款余额逐步回升,年末贷款余额较上年上升了 3.18%(见图 1)。

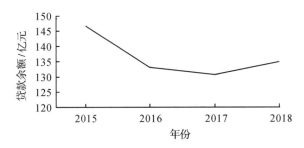

图 1 杭州市近 4 年小贷公司年末贷款余额情况

2018 年 1—12 月,全市小贷公司累计发放贷款 3.75 万笔、260.53 亿元,其中累计发放小额贷款 3.33 万笔、82.73 亿元,占比分别为 88.96％、31.75％。

2.对外融资略有上升

至 2018 年 12 月底,全市有 7 家小贷公司向银行进行了融资,融资余额为 5.11 亿元,占净资产总额的 3.98％,较上年年底上升了 0.37 个百分点;还有 10 家小贷公司向大股东拆借了 5.71 亿元;2 家小贷公司开展了资产收益权转让,金额为 7051 万元。

3.资金回报率趋于平稳

2018 年,全市小贷公司平均年化利率主要在 14％～14.5％间波动,年末平均年化利率为 14.13％,较上年下降了 0.45 个百分点。2018 年,全市小贷公司全年实现业务总收入 12.45 亿元,净利润 5.09 亿元,全年净资产收益率为 3.96％,与上年持平,有 8 家为亏损,亏损家数较上年增加 3 家(见图 2)。

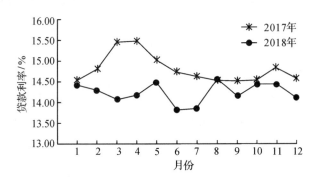

图 2 杭州市近 2 年小贷公司贷款利率情况

4.逾期率稳中微升

2018 年底,杭州市小贷公司逾期贷款余额为 22.26 亿元,逾期率为 16.51％,拨备覆盖率为 73.15％;除 6—9 等月份外,2018 年逾期率总体稍高于 上年。2018 年,全市小贷公司累计核销不良贷款 3.04 亿元。

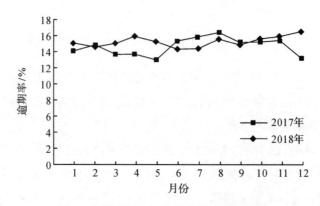

图 3　杭州市近 2 年小贷公司逾期率情况

(三)风险情况

1.市场风险

随着全球经济增长放缓,因受中美贸易战、网贷机构出险等国内外经济环 境多重不稳定因素的影响,小贷公司放贷风险高,经营压力大,全年逾期率保持 高位,资产质量欠佳,诉讼案件也居高不下。如西湖某小贷公司年末逾期率超 过 90％;富阳区小贷公司年末逾期贷款 5.59 亿元,占贷款余额 27.3％,全年涉 及司法诉讼案件 614 件,诉讼金额为 6.07 亿元。

2.股东风险

小贷公司股东股权不稳定,影响了小贷公司平稳健康发展。2018 年,全市 小贷公司全年共发生股东股权转让 15 起,转让金额总计 5.32 亿元,其中主发 起人转让 2 起,转让金额为 6050 万元。此外,小贷公司股权质押较多,给小贷 公司带来潜在风险隐患。如江干某小贷公司股权质押比例占注册资本的 75％;富阳有 3 家小贷公司股东股权存在质押情况,合计 2.01 亿元,占注册资 本的 22.23％。

3.合规风险

2018年,杭州市个别小贷公司存在不规范运营情况,如内部制度不健全、执行不到位;未经批准开展对外权益类投资,违规参股网贷企业;向股东发放大额关联贷款,抽逃注册资本金;与网贷企业合作,变相开展担保业务;股东股权代持;向辖区外发放贷款等。内控制度不健全,是产生小贷公司违规经营的根本问题;股东资金挪用问题,已成为杭州市小贷公司合规经营的最大隐患。

二、监管与扶持情况

市、区、县(市)金融办按照省金融办统一部署,开展小贷公司监管工作,同时积极扶持小贷公司发展。

(一)组织开展风险防控排查

根据省金融办统一部署,组织各区、县(市)金融办开展小贷公司风险排查:一是组织开展网络贷款业务排查,走访、约谈部分小贷公司,了解网络贷款运营情况,督促其逐步回收网络贷款业务。至2018年底,杭州市3家获批开展网络贷款业务的小贷公司网贷贷款余额为1695.47万元,逾期率为9.34%。二是组织6个区对辖区9家小贷公司进行风险防控检查,检查后制定了初步分类处置措施,拟将其中1家列入合格类,5家列入整改类,3家列入退出类。

(二)督促小贷公司合规经营

市、区、县(市)金融办通过日常监管,督促小贷公司及时对发现的问题进行整改,以规范经营:一是部署、组织开展全市监管评级,将监管评级中发现的问题及时反馈给小贷公司,要求其限期整改。二是会同市财政局开展主城区小贷公司省风险补偿金认定工作,将个别不合规且整改不到位的小贷公司不纳入补偿范围内。三是对个别出现较大风险的小贷公司及时采取措施,积极化解风险。如下城区金融办多次约谈辖区广信、文创小贷公司相关负责人,下发告知书、整改通知书;临安区金融办第一时间走访出险小贷公司,及时约谈公司高管,提示风险,责令整改等。

（三）委托中介机构审计调查

鉴于杭州市金融办系统人手少、力量较为薄弱的现状,为保证中介机构出具的审计结果更具公正客观性,市、区金融办委托中介机构对小贷公司开展审计调查:一是江干金融办在开展辖区小贷公司监管评级过程中,聘请元瑞会计师事务所对辖区小贷公司进行专项审计。二是市金融办聘请同方会计师事务所对全市 5 家小贷公司 2018 年运营情况进行专项审计,将审计结果作为下一年监管评级依据。

（四）加快变更事项审批流程

市、区金融办按照最多跑一次要求,对小贷公司申报材料加快审批流程,实现了审批事项在线办理。2018 年,杭州市审批股权变更事项 15 起,高管变更事项 11 起,注册资本变更 3 起,创新业务 1 起。

（五）出台兑现扶持发展政策

杭州市部分区、县(市)政府出台了小贷公司后 3 年优惠扶持政策,如高新区政府出台了《关于进一步支持科技型企业融资的实施意见》,规定小贷公司成立第 4 至 6 年,对区内科技型企业贷款占年度日均贷款余额 30% 以上的给予风险补偿;富阳区对小贷公司所得税地方留成部分全额奖励政策顺延 3 年;临安 2018 年出台了《关于进一步强化创新驱动推进现代服务业发展的若干政策意见》,规定给予小贷风险补偿;余杭区 2018 年下达小贷公司补偿补助资金466.17 万元。

三、存在困难

杭州市小贷公司 2018 年业务运营虽趋于平稳,但在发展过程中仍存在诸多困难。

（一）股东信心不足

小贷公司近年来经营压力大,资金回报率低,股东对小贷公司的发展信心不足,目前普遍考虑分红、减资,以减小规模,维持平稳运行。2018年,无小贷公司进行增资。

(二)税赋压力大

营改增以来,税种由营业税的5%提高到增值税的6%,由于应收利息均要确认为收入,而银行贷款利息及咨询费的进项不能抵扣,导致小贷公司税赋不减反增。

(三)资产处置难

小贷公司在诉讼中普遍面临"执行难"的问题,导致风险资产处置难度大,债权人权益较难得到及时有效的保障与兑现,其他救济手段也严重缺乏。

(四)征信查询手续烦琐

目前全市仅部分小贷公司接入央行征信系统,无法直接获得借款人的征信信息,不利于全面审查借款人的信用情况及提升业务受理效率。部分未接入征信系统的小贷公司查询企业征信较烦琐,需客户自行前往人民银行查询后提供征信报告。

四、政策建议

为做好小贷公司监管工作,促进小贷公司行业健康持续发展,提出以下建议。

(一)组织开展监管员培训

建议定期举行统一的小贷公司监管专项培训,提升基层金融办的业务水平,加强业务交流,使各级监管员及时了解行业发展新情况及监管新思路。

(二)实施多样惩处措施

当前对于发现的小贷公司违规经营情况,金融办只能通过监管评级扣分、上门告诫、约谈等方式督促其限期整改,手段和措施较为单薄,建议增加惩处措施,以利于开展监管工作。

(三)予以退出指导

根据小贷公司风险防控检查情况,对小贷公司实施分类处置措施,对符合相关情形的小贷公司提出兼并重组、主动退出方案。然而,小贷公司资本金主要来源于民营资本,在公司股东未达成统一意见时,市、区金融办难以采取有效措施促使其退出。建议省办能出台相应的退出实施细则,予以更多指导。

(四)完善发展环境

小贷公司在发展中,一直面临税负较重、不良资产处置难等问题;受国家层面政策影响,小贷公司网络贷款业务基本停滞。建议省办能积极向上呼吁,为小贷公司松绑,为行业争取更多政策,促进其良性发展。

2018 年杭州市股权投资发展报告

杭州市金融办

一、2018 年杭州股权投资市场发展情况

(一)2018 年杭州宏观经济发展分析

稳中求进,是 2018 年杭州宏观经济发展的主要特征。2018 年杭州经济保持着一条总体平稳的发展曲线,全市社会经济平稳健康发展。在异常复杂的宏观经济形势下,杭州有效应对种种挑战,顶住了宏观经济压力,经济运行呈现"经济发展更稳,创新动力更足"的积极态势。

高质量发展基础不断夯实,得益于杭州在稳固优势行业经济高位运行的基础上,数字经济迅速发展以及新旧动能转换不断加快。同时,高新技术产业、战略性新兴产业、先进制造业持续快速发展;消费升级不断加快,消费成为经济增长重要动力。

2018 年 10 月 9 日,中共杭州市委、杭州市人民政府联合印发了《杭州市全面推进"三化融合"打造全国数字经济第一城行动计划(2018—2022 年)》,对加快发展数字经济决策部署,深入实施数字经济"一号工程",全面推进杭州数字产业化、产业数字化和城市数字化协同融合发展,打造全国数字经济第一城作出计划和部署。为杭州经济发展,尤其是数字经济发展提供了政策保障和计划部署。

2018 年,杭州市实现生产总值 13509 亿元,同比增长 6.7%。其中,第一、二、三产业分别实现增加值为 306 亿元、4572 亿元和 8632 亿元,同比分别增长 1.8%、5.8% 和 7.5%。三次产业结构由上年的 2.5:34.6:62.9 调整为 2.3:33.8:63.9。全年人均地区生产总值为 140180 元(按年平均汇率折算为

21184 美元）。如图 1 所示。

图 1　杭州市 GDP 及增长速度

　　2018 年杭州加强对外经济。对外贸易方面,2018 年杭州全年货物进出口总额 5245 亿元,增长 3.1%,其中出口 3417 亿元,下降 1.0%,进口 1828 亿元,增长 11.8%。高新技术产品出口 518 亿元,增长 8.3%,机电产品出口1460亿元,增长 0.4%。对"一带一路"沿线国家出口 1072 亿元,占出口总额 31.4%。全年服务贸易进出口总额 358.9 亿美元,增长 132.6%,其中出口71.7亿美元,增长 21.7%,进口 287.2 亿美元,增长 201%。全年跨境电商进出口总额 113.7 亿美元,增长 14.4%,其中出口 80.2 亿美元,进口 33.5 亿美元,分别增长 14.2%和 14.9%。对外合作方面,2018 年末杭州设立各类境外投资企业(机构)2008 个,增长 12.8%。全年对外承包工程和劳务合作营业额25.8亿美元,增长 9.8%。离岸服务外包合同执行额 69.2 亿美元,增长 7.0%。全年新引进外商投资企业 744 家,增长 29.4%,其中总投资 3000 万美元以上企业 224 家,增长 17.9%。实际利用外资 68.2 亿美元,增长 3.3%,其中第二产业 12.5 亿美元,第三产业 55.7 亿美元。至年末,有 121 家世界 500 强企业来杭投资212个项目。①

———————————

　　①　信息来源:2018 年杭州市国民经济和社会发展统计公报。

(二)2018年杭州股权投资政策环境分析

2018年3月两会召开,国家为企业减税以充分释放市场发展动力,为股权投资提供优惠政策以促进其对实体经济的服务作用,开放外商投资以促进形成市场开放新格局。

2018年4月,资管新规发布,旨在去杠杆、破刚兑、杜绝资金池,金融监管日趋严格,银行作为LP出资受限,股权投资资金端日趋紧张。同时伴随着"中美贸易战"之间的多轮谈判,国际局势较以往有更大变数。

2018年4月,习近平主席在博鳌亚洲论坛上发表题为"开放共创繁荣 创新引领未来"的主旨演讲,其中对关于扩大中国金融市场开放提出重要意见,包括取消硬核和资产管理公司持股比例限制,放宽证券、基金、期货、人身险的外资持股比例等一系列举措,加大对外开放力度。

2018年9月26日,国务院发布《关于推动创新创业高质量发展打造"双创"升级版的意见》,其中第二十六条明确提出:推动完善司法等法律法规和资本市场相关规则,允许科技企业实行"同股不同权"治理结构。此次国务院层面的对"同股不同权"制度松绑,可见国家拥抱新经济,希冀将科技企业留在A股的积极态度。同时,国务院在税收方面进行了改革,税收方面不溯既往,整体不增。

2018年11月5日,国家主席习近平出席首届中国国际进口博览会开幕式并发表主旨演讲,其中公布了将在上海证券交易所设立科创板并试点注册制,支持在上海国际金融中心和科技创新中心建设。此举将有利于创新创业企业直接对接资本市场,改善科技创新企业的资本环境,真正意义上实现多层次资本市场对实体经济的支撑。

杭州方面也积极应对国内股权投资市场变革,助力杭州经济发展。为发展多层次资本市场,浙江省制定了"凤凰行动"计划,"凤凰行动"计划的主要目标是,到2020年,浙江省境内外上市公司争取达到700家,重点拟上市企业300家,实现数量倍增。杭州为助力"凤凰行动"计划做了一系列工作。

(三)杭州股权投资机构现状概述

截至2018年底,共有约1561家注册于杭州市的私募基金管理人在基金业协会登记,管理资金超过 2020.01 亿元人民币。相较于私募基金发展较为发达的城市,尚有一定差距。其中,注册在北京的私募基金管理人为 4338 家,资本管理量 15133.51 亿元人民币;注册在上海的私募基金管理人为 4735 家,资本管理量 27176.49 亿元人民币;注册在深圳的私募基金管理人为 4575 家,资本管理量 11367.15 亿元人民币。

募资方面,2018 年杭州股权投资市场共新募集基金 169 支,其中披露金额的有 147 支,募集资金 492.91 亿元人民币。从机构类型看,早期投资和私募股权投资(PE)杭州市均在全国城市新募集基金中排名第二,创业投资(VC)杭州市在全国城市新募集基金中排名第四。在目前股权市场资金募集难的大环境下,杭州保持着较高的投资热度。

投资方面,2018 年杭州市股权投资市场共发生投资案例数量为 771 起,其中披露金额的投资案例数为 621 起,涉及投资金额 1554.56 亿元人民币。从机构类型看,早期投资、创业投资(VC)、私募股权投资(PE)杭州市的投资规模均在全国城市中排名第四。杭州市符合"1+6 产业集群"企业被投案例为 632 起,披露金额案例数量为 505 起,涉及投资金额共计 1373.01 亿元人民币,其中数字产业案例数量占比较大,为杭州市"1+6 产业集群"中核心产业。杭州市符合"七大未来产业"企业被投案例数为 215 起,披露金额案例数量为 168 起,涉及投资金额共计 146.79 亿元人民币,其中属于人工智能行业的被投企业占据较大比例,杭州人工智能行业发展势头迅猛。据统计,2018 年杭州市有 7 家独角兽企业被投资,其中披露金额的为 6 家,披露金额 1020.99 亿元人民币。

退出方面,2018 年杭州市股权投资市场发生退出案例数量达 153 笔,其中被投企业 IPO 数量为 86 笔,IPO 方式退出为杭州市企业最热门的退出方式。

并购方面,2018 年合计 16 支注册在杭州的并购基金发生募资,披露交易金额案例数 1 支,完成募资 1 亿元。并购基金投资杭州企业案例为 5 起,其中披露金额的有 2 起,披露的投资金额 0.25 亿元人民币。杭州并购基金退出案例数为 1 笔,系股权转让方式退出。

(四)2018 年杭州早期投资发展概况

1.2018 年杭州早期投资机构募资分析

受 2018 年金融严监管带来的"募资寒冬"影响,2018 年国内早期募资较往年有所下滑,募资基金数量和募资金额呈现双降。从各个城市的募资情况分析,2018 年杭州早期投资募资表现成绩亮眼,远超北京、上海等地,新募资基金数量跃居国内主要城市第二、三位。同时,苏州的表现非常亮眼,新募资基金数量排名上升至第三位。与杭州形成鲜明对比的是,2018 年北京和上海的早期投资机构募资情况不太理想,两地的投资机构普遍比较谨慎,新募资基金数量和募资金额排名均有所下滑。如表 1 所示。

清科私募通数据显示,2018 年共有 7 支在杭州注册的早期投资基金完成募资,仅次于深圳位列国内第二,占比 6.31%。其中,披露募集资金的早期投资基金有 7 支,募集金额达 15.04 亿元人民币,占国内募集总金额的 8.27%。

表 1 2018 年杭州早期募资总量与国内其他主要城市①比较

城市	新募资基金数（总数）/支	比例/%	新募资基金数（披露金额）/支	募资金额/百万元人民币	比例/%	平均新增资金量/百万元人民币
深圳	16	14.41	16	2995.24	16.47	187.20
杭州	7	6.31	7	1504.02	8.27	214.86
苏州	6	5.41	6	883.90	4.86	147.32
北京	6	5.41	6	886.50	4.87	147.75
上海	4	3.60	4	409.67	2.25	102.42
广州	4	3.60	4	789.41	4.34	197.35
成都	3	2.70	3	190.00	1.04	63.33
武汉	1	0.90	1	200.00	1.10	200.00
青岛	1	0.90	1	12.40	0.07	12.40
天津	1	0.90	1	300.00	1.65	300.00
无锡	1	0.90	1	202.50	1.11	202.50
重庆	0	0.00	0	0.00	0.00	0.00
长沙	0	0.00	0	0.00	0.00	0.00
南京	0	0.00	0	0.00	0.00	0.00
其他市	61	54.95	57	9816.76	53.97	172.22
合计	111	100.00	107	18190.40	100.00	170.00

信息来源:私募通 2019.03,www.pedata.cn。

① 本文所指主要城市为 2017 年度 GDP 超万亿的城市,包括:上海、北京、深圳、广州、重庆、天津、苏州、成都、武汉、杭州、南京、青岛、长沙、无锡等 14 个地区。

2.2018 年杭州企业早期投资规模分析

(1)早期投资基金投资杭州企业情况分析

受 2018 年"募资寒冬"影响,2018 年杭州早期投资较为谨慎。受宏观经济和外部环境的影响,早期机构出手更为谨慎,更多的资金集中于投资"头部项目"。从各地的文创产业早期投资情况分析,北上广深杭依旧是早期机构投资的热点城市。北京依旧名列前茅,依托文化中心的城市定位,继续保持国内早期投资核心城市的地位。上海和深圳分列第二、三名。杭州以微小的差距在深圳之后,排名第四。杭州得益于阿里、网易等互联网巨头企业的带动效应以及当地政府对投资的优惠政策,早期投资市场获得长足发展。

根据清科私募通数据显示,2018 年杭州企业早期投资案例数为 152 起,在国内主要城市中排名第四,占比为 8.47%,其中披露金额的案例为 123 起,投资金额 10.69 亿元人民币。北京市投资案例数为 650 起,在早期投资案例数上远高于其他城市,占比 36.21%,披露金额的案例数为 547 起,投资金额 55.19 亿元人民币,占比 38.74%。如表 2 所示。

表 2　2018 年杭州企业早期投资与国内其他城市比较

城市	投资案例数 (总数)/起	比例 /%	投资案例数 (披露金额)/起	投资金额 /百万元人民币	比例 /%
北京	650	36.21	547	5519.20	38.74
上海	341	19.00	289	2591.36	18.19
深圳	154	8.58	129	915.06	6.42
杭州	152	8.47	123	1069.33	7.51
广州	71	3.96	59	570.04	4.00
成都	56	3.12	49	260.12	1.83
武汉	37	2.06	34	382.36	2.68
苏州	26	1.45	24	166.77	1.17
南京	25	1.39	21	129.07	0.91
天津	12	0.67	9	207.90	1.46
重庆	11	0.61	9	53.40	0.37

城市	投资案例数 （总数）/起	比例 /%	投资案例数 （披露金额）/起	投资金额 /百万元人民币	比例 /%
长沙	10	0.56	10	90.20	0.63
无锡	5	0.28	3	56.30	0.40
青岛	2	0.11	2	15.00	0.11
其他市	243	13.54	205	2219.19	15.58
合计	1795	100.00	1513	14245.30	100.00

信息来源：私募通 2019.03,www. pedata. cn。

（2）早期投资基金投资杭州企业情况按行业分布分析

按"1＋6 产业集群"模块分析,早期投资基金投资杭州企业方面,符合"1＋6 产业集群"的杭州企业被投资案例为 139 起,其中已披露金额的投资案例为 112 起,投资金额合计 9.83 亿元人民币。"1＋6 产业集群"中数字产业投资案例数远高于其他各产业,为 96 起,占比为 69.06％,披露的投资案例数为 77 起,投资金额为 7 亿元人民币,占比为 71.21％。其次为文化创业产业和健康产业,投资数量分别为 15 起和 14 起。如表 3 所示。

表 3　2018 年杭州早期投资按"1＋6 产业集群"模块分布

行业	投资案例数 （总数）/起	比例 /%	投资案例数 （披露金额）/起	投资金额 /百万元人民币	比例 /%
数字产业	96	69.06	77	700.03	71.21
文化创意产业	15	10.79	13	124.75	12.69
健康产业	14	10.07	12	104.35	10.61
金融服务产业	8	5.76	5	31.97	3.25
高端装备制造产业	3	2.16	2	13.00	1.32
时尚产业	2	1.44	2	6.00	0.61
旅游休闲产业	1	0.72	1	3.00	0.31
合计	139	100.00	112	983.10	100.00

信息来源：私募通 2019.03,www. pedata. cn。

按"七大未来产业"模块分析,早期投资基金投资杭州企业方面,符合"七大未来产业"划分的杭州市企业被投资案例共计 38 起,其中披露金额的投资案例 28 起,披露投资金额为 3.27 亿元。"七大未来产业"中,人工智能投资案例数量位列第一,为 18 起,占比 47.37%,披露金额的投资案例为 13 起,投资金额为 1.14 亿元人民币。区块链技术投资案例 11 起,生物技术和生命科学 8 起,增材制造 1 起。如表 4 所示。

表 4　2018 年杭州早期投资按"七大未来产业"模块分布

行业	投资案例数 (总数)/起	比例 /%	投资案例数 (披露金额)/起	投资金额 /百万元人民币	比例 /%
人工智能	18	47.37	13	114.31	34.94
区块链	11	28.95	9	172.61	52.76
生物技术和生命科学	8	21.05	6	40.26	12.30
增材制造	1	2.63	0	0.00	0.00
虚拟现实	0	0.00	0	0	0.00
量子技术	0	0.00	0	0	0.00
商用航空航天	0	0.00	0	0	0.00
合计	38	100.00	28	327.18	100.00

信息来源:私募通 2019.03,www.pedata.cn。

独角兽企业投资情况,2018 年,杭州早期投资基金投资项目中,没有独角兽企业获得投资。

3.2018 年杭州企业早期投资退出分析

(1)杭州企业早期投资基金退出总量分析

2018 年各地早期投资退出情况来看,北京和上海依旧是退出情况最为良好的地区,杭州紧列其后排名第三。值得注意的是,随着科创板的推出,我国多层次资本市场进一步完善,为投资机构退出带来重大利好,未来投资机构退出情况或将进一步好转。

2018 年,早期投资基金退出方面,全国早期投资退出案例共计 166 起。杭州市退出案例为 13 起,占比 7.83%,全国排名第三位。北京市以退出案例 54

起,占比 32.53%,居全国第一。上海以退出案例 45 起,占比 27.11%,排名第二。如表 5 所示。

表 5 2018 年杭州早期投资退出与国内其他城市比较

城市	退出案例数/起	比例%
北京	54	32.53
上海	45	27.11
杭州	13	7.83
成都	12	7.23
深圳	11	6.63
苏州	6	3.61
广州	5	3.01
武汉	3	1.81
南京	2	1.20
天津	1	0.60
其他城市	14	8.43
合计	166	100.00

信息来源:私募通 2019.03,www.pedata.cn。

(2)杭州企业早期投资退出方式分析

2018 年,杭州企业早期投资共发生 13 起退出,各项退出方式中,股权转让方式 8 起,IPO 方式 3 起,回购和新三板挂牌各 1 起。如表 6 所示。

表 6 2018 年杭州早期投资退出方式分布

退出方式	退出案例数/起	比例/%
股权转让	8	61.54
IPO	3	23.08
回购	1	7.69
新三板挂牌出让	1	7.69
合计	13	100.00

信息来源:私募通 2019.03,www.pedata.cn。

(3)杭州企业早期投资退出行业分布分析

按"1+6 产业集群"模块分析,2018 年,杭州企业早期投资共发生 13 起退出,其中符合"1+6 产业集群"的分类的退出项目 12 起,其中数字产业和文化创意产业各 5 起,金融服务产业 2 起。

按"七大未来产业"模块分析,2018 年,杭州企业早期投资基金退出项目中,符合按"七大未来产业"模块分析类的退出 1 起,为人工智能产业。

(五)2018 年杭州创业投资(VC)发展概况

1.2018 年杭州创业投资(VC)机构募资分析

根据清科私募通数据显示,2018 年合计 34 支注册在杭州的创业投资基金发生募资,在国内排名第四,占比 4.64%。其中,披露交易金额案例数 25 起,合计完成募资 299.04 亿元,占比 9.89%。排名前三位的分别是深圳、苏州和上海。虽然杭州的创业投资基金发生募资的案例数量排名第四,但是从披露的募集金额来看,杭州完成募集金额仅次于深圳排名第二。如表 7 所示。

表 7　2018 年杭州创业投资募集总量与国内其他主要城市比较

城市	新募资基金数(总数)/支	比例/%	新募资基金数(披露金额)/支	募资金额/百万元人民币	比例/%	平均新增资金量/百万元人民币
深圳	99	13.51	99	44087.19	14.57	445.33
苏州	52	7.09	50	14998.63	4.96	299.97
上海	39	5.32	39	7457.33	2.47	191.21
杭州	34	4.64	25	29903.76	9.89	1196.15
南京	26	3.55	25	11997.80	3.97	479.91
广州	20	2.73	19	5667.62	1.87	298.30
武汉	18	2.46	15	2235.05	0.74	149.00
北京	16	2.18	16	4854.50	1.60	303.41
青岛	14	1.91	12	2381.30	0.79	198.44
成都	11	1.50	10	1960.71	0.65	196.07
天津	10	1.36	10	2349.37	0.78	234.94
无锡	8	1.09	8	1422.30	0.47	177.79

城市	新募资基金数（总数）/支	比例/%	新募资基金数（披露金额）/支	募资金额/百万元人民币	比例/%	平均新增资金量/百万元人民币
长沙	6	0.82	5	1383.35	0.46	276.67
重庆	3	0.41	3	375.00	0.12	125.00
其他市	377	51.43	319	171421.70	56.67	537.37
合计	733	100.00	655	302495.61	100.00	461.83

信息来源：私募通 2019.03，www.pedata.cn。

2.2018 年杭州企业创业投资（VC）规模分析

（1）创业投资（VC）基金投资杭州企业情况分析

2018 年，创业投资基金投资杭州企业的投资案例共计 333 起，在国内排名第四，占比 7.71%；其中，披露交易金额案例数 273 起，投资金额 231.62 亿元人民币，占比 10.94%。北京投资案例 1183 起，占比 27.38%，排名第一；披露金额的投资案例数 973 起，投资金额 632.66 亿元人民币，占比 29.87%。上海投资案例 781 起，占比 18.07%，排名第二；披露金额的投资案例数 669 起，投资金额 426.67 亿元人民币，占比 20.15%。深圳投资案例 508 起，占比 11.76%，排名第三；披露金额的投资案例数 461 起，投资金额 205.36 亿元人民币，占比 9.70%。如表 8 所示。

表 8　2018 年杭州创业投资与国内其他城市比较

城市	投资案例数（总数）/起	比例/%	投资案例数（披露金额）/起	投资金额/百万元人民币	比例/%
北京	1183	27.38	973	63265.54	29.87
上海	781	18.07	669	42666.53	20.15
深圳	508	11.76	461	20535.68	9.70
杭州	333	7.71	273	23161.53	10.94
广州	187	4.33	166	9436.81	4.46
苏州	145	3.36	133	6109.16	2.88
南京	111	2.57	91	4674.50	2.21

续表

城市	投资案例数（总数）/起	比例/%	投资案例数（披露金额）/起	投资金额/百万元人民币	比例/%
成都	84	1.94	72	2195.92	1.04
武汉	75	1.74	59	1951.00	0.92
天津	43	1.00	39	1273.06	0.60
青岛	36	0.83	32	854.07	0.40
无锡	33	0.76	28	1116.05	0.53
重庆	32	0.74	27	1416.27	0.67
长沙	30	0.69	27	450.26	0.21
其他市	740	17.13	657	32690.41	15.43
合计	4321	100.00	3707	211796.81	100.00

信息来源:私募通 2019.03,www.pedata.cn。

（2）创业投资（VC）基金投资杭州企业按行业分布分析

按"1＋6 产业集群"模块分析,2018 年,杭州创业投资中符合"1＋6 产业集群"的投资事件共 261 起。其中数字产业发生 168 起,占比 64.37%,排名第一;披露金额的投资案例数 132 起,投资金额 107.42 亿元人民币。健康产业发生 45 起投资案例,占比 17.24%,排名第二;披露金额的投资案例数 39 起,投资金额 15.30 亿元人民币。如表 9 所示。

表 9　2018 年杭州创业投资按"1＋6 产业集群"模块分布

行业	投资案例数（总数）/起	比例/%	投资案例数（披露金额）/起	投资金额百万元人民币	比例/%
数字产业	168	64.37	132	10742.45	55.79
健康产业	45	17.24	39	1529.77	7.94
文化创意产业	25	9.58	20	1083.43	5.63
金融服务产业	13	4.98	11	3356.57	17.43
高端装备制造产业	5	1.91	4	1011.17	5.25
时尚产业	3	1.15	3	1508.00	7.83
旅游休闲产业	2	0.77	2	25.30	0.13
合计	261	100.00	211	19256.69	100.00

信息来源:私募通 2019.03,www.pedata.cn。

按"七大未来产业"模块分析,2018 年,杭州创业投资中符合"七大未来产业"的投资事件共 96 起。其中人工智能发生 54 起,占比 56.25%,排名第一;披露金额的投资案例数 39 起,投资金额 39.62 亿元人民币。生物技术和生命科学投资案例数 27 起,占比 28.13%,排名第二;披露金额的投资案例数 25 起,投资金额 10.32 亿元人民币,占比 17.38%。区块链投资案例数 13 起,占比 13.54%,排名第三;披露金额的投资案例数 11 起,投资金额 3.96 亿元人民币,占比 8.31%。如表 10 所示。

表 10　2018 年杭州创业投资按"七大未来产业"模块分布

行业	投资案例数（总数）/起	比例/%	投资案例数（披露金额）/起	投资金额/百万元人民币	比例/%
人工智能	54	56.25	39	3961.77	66.74
生物技术和生命科学	27	28.13	25	1031.59	17.38
区块链	13	13.54	11	396.13	6.67
虚拟现实	1	1.04	1	546.21	9.20
增材制造	1	1.04	0	0.00	0.00
量子技术	0	0.00	0	0	0.00
商用航空航天	0	0.00	0	0	0.00
合计	96	100.00	76	5935.69	100.00

信息来源:私募通 2019.03,www.pedata.cn。

独角兽企业投资情况,2018 年,杭州创业投资基金投资项目中,有 3 家独角兽企业获得投资,分别为时空电动汽车股份有限公司、浙江蚂蚁小微金融服务集团股份有限公司、杭州网易云音乐科技有限公司。其中披露金额的投资案例为 3 起,披露的投资金额共计 38.27 亿元人民币。如表 11 所示。

表 11　2018 年杭州创业投资"独角兽企业"投资情况

企业名称	投资案例数（总数）/起	投资案例数（披露金额）/起	投资金额/百万元人民币
时空电动汽车股份有限公司①	1	1	1000.00
浙江蚂蚁小微金融服务集团股份有限公司②	1	1	2138.00
杭州网易云音乐科技有限公司	1	1	688.56
合计	3	3	3826.56

信息来源:私募通 2019.03,www.pedata.cn。

3.2018 年杭州企业创业投资(VC)退出分析

(1)杭州企业创业投资(VC)基金退出总量分析

2018 年,创业投资共发生 1050 起退出事件,其中杭州发生 72 起,占比 6.86%,排名第四。北京发生 243 起,占比 23.14%,排名第一。上海发生 180 起,占比 17.14%,排名第二。深圳发生 123 起,占比 11.71%,排名第三。如见表 12 所示。

表 12　2018 年杭州企业创业投资退出与国内其他城市比较

城市	退出案例数/起	比例/%
北京	243	23.14
上海	180	17.14
深圳	123	11.71
杭州	72	6.86
苏州	61	5.81
广州	29	2.76

---

①　该笔融资系时空电动汽车股份有限公司于 2018 年 8 月 13 日获得总计 10 亿元融资,根据上级投资机构类型不同,拆分为创业投资(VC)10 亿元,私募股权投资(PE)未披露金额。其中上级投资机构为创业投资(VC)机构的投资金额划归为创业投资(VC),上级投资机构为私募股权投资(VC)机构的投资金额划归为私募股权投资(PE)。

②　该笔融资系浙江蚂蚁小微金融服务集团有限公司于 2018 年 6 月 8 日获得总计 963.71 亿元融资,根据上级投资机构类型不同,拆分为创业投资(VC)21.38 亿元,私募股权投资(PE)942.32 亿元。其中上级投资机构为创业投资(VC)机构的投资金额划归为创业投资(VC),上级投资机构为私募股权投资(VC)机构的投资金额划归为私募股权投资(PE)。

城市	退出案例数/起	比例/%
无锡	27	2.57
成都	25	2.38
南京	22	2.10
武汉	18	1.71
长沙	12	1.14
天津	9	0.86
青岛	9	0.86
重庆	4	0.38
其他市	216	20.57
合计	1050	100.00

信息来源:私募通 2019.03,www.pedata.cn。

(2)杭州企业创业投资(VC)退出方式分析

2018年,杭州企业创业投资共发生72笔退出事件,退出方式以IPO、股权转让、并购为主。其中IPO退出方式最为常见,2018年杭州创业投资IPO退出40笔,占比55.56%,排名第一;股权转让退出16笔,占比22.22%,排名第二;并购退出8笔,占比11.11%,排名第三。如表13所示。

表13　2018年杭州企业创业投资退出方式分布

退出方式	退出案例数/起	比例/%
IPO	40	55.56
股权转让	16	22.22
并购	8	11.11
回购	4	5.56
借壳上市	3	4.17
新三板挂牌出让	1	1.39
合计	72	100.00

信息来源:私募通 2019.03,www.pedata.cn。

(3)杭州企业创业投资(VC)退出行业分布分析

按"1+6 产业集群"模块分析,2018 年,杭州企业创业投资基金退出项目中符合"1+6 产业集群"的退出事件共 65 起。其中数字产业退出 33 起,占比 50.77％,排名第一;金融服务产业退出 15 起,占比 23.08％,排名第二;文化创意产业退出 10 起,占比 15.38％,排名第三。如表 14 所示。

表 14   2018 年杭州企业创业投资退出按"1+6 产业集群"模块分布

行业	退出案例数/起	比例(％)
数字产业	33	50.77
金融服务产业	15	23.08
文化创意产业	10	15.38
健康产业	4	6.15
高端装备制造产业	3	4.62
旅游休闲产业	0	0
时尚产业	0	0
合计	65	100.00

信息来源:私募通 2019.03,www.pedata.cn。

2018 年,杭州企业创业投资基金退出项目中,按"七大未来产业"模块分析,共有 3 笔退出,全部发生于生物技术和生命科学行业。

(六)2018 年杭州私募股权投资(PE)发展概况

1.2018 年杭州私募股权投资(PE)机构募资分析

2018 年,国际时局动荡,行业监管政策频发,国内经济进入调整期,私募股权投资市场募资面临巨大挑战。私募投资募资市场"僧多粥少",募资市场资金紧张,新募基金数和募集资金较往年均有所下降。相较于国内紧张的募资形式,杭州在 2018 年私募投资市场的募资成绩优异,以 128 支新募基金数的成绩排名全国第二,然而,从募资金额来看,虽然杭州私募投资募资基金数较多,但是单个基金的募资金额较小,相较于国内其他主要城市,2018 年杭州在私募投资市场的总体募资金额排名稍逊,位居第 10。

2018年,共有128支注册在杭州私募股权投资基金发生募资,新募资基金数排在国内第二位,披露金额募资115支,合计募集金额178.83亿元,占比1.77%。深圳、上海新募资基金数分别列国内第一位、第三位,募集金额分别为901.75亿元、669.95亿元。如表15所示。

表15　2018年杭州私募投资机构募集总量与国内其他主要城市比较

城市	新募资基金数(总数)/支	比例/%	新募资基金数(披露金额)/支	募资金额/百万元人民币	比例/%	平均新增资金量/百万元人民币
深圳	292	10.45	291	90175.19	8.92	309.88
杭州	128	4.58	115	17883.28	1.77	155.51
上海	127	4.55	123	66995.03	6.63	544.68
广州	99	3.54	96	21552.13	2.13	224.50
北京	85	3.04	84	44788.71	4.43	533.20
苏州	67	2.40	67	22103.31	2.19	329.90
青岛	63	2.26	63	14114.63	1.40	224.04
南京	43	1.54	43	20982.49	2.08	487.96
天津	40	1.43	39	27753.28	2.74	711.62
成都	27	0.97	27	19741.02	1.95	731.15
长沙	27	0.97	27	9632.85	0.95	356.77
武汉	24	0.86	24	19065.00	1.89	794.38
重庆	16	0.57	16	8986.82	0.89	561.68
无锡	15	0.54	14	3687.60	0.36	263.40
其他市	1740	62.30	1645	623593.70	61.68	379.08
合计	2793	100	2674	1011055.03	100	378.11

信息来源:私募通2019.03,www.pedata.cn。

2.2018年杭州企业私募股权投资(PE)规模分析

(1)私募股权投资(PE)基金投资杭州企业情况分析

随着经济环境的变化,全民私募时代告一段落,私募投资市场面临大浪淘沙,市场格局发生了一定的调整。从地域分布来看,北京凭借人才聚集优势、良好的创业氛围,依旧聚集着大量创业公司,北京的投资案例数和投资金额均遥遥领先。

2018 年,私募股权投资基金投资杭州企业的投资案例共计 286 起,在国内主要城市排名第四,占比 7.32%;其中,披露交易金额案例数 225 起,投资金额 1312.25 亿元人民币,占比 15.39%。北京投资案例 1041 起,占比 26.66%,排名第一;披露金额的投资案例数 819 起,投资金额 2545.88 亿元人民币,占比 19.85%。上海投资案例 627 起,占比 16.06%,排名第二;披露金额的投资案例数 497 起,投资金额 1448.29 亿元人民币,占比 16.98%。深圳投资案例 396 起,占比 10.14%,排名第三;披露金额的投资案例数 335 起,投资金额 367.25 亿元人民币,占比 4.31%。如表 16 所示。

表 16　2018 年杭州私募股权投资与国内其他城市比较

城市	投资案例数（总数）/起	比例/%	投资案例数（披露金额）/起	投资金额/百万元人民币	比例/%
北京	1041	26.66	819	254588.36	29.85
上海	627	16.06	497	144829.49	16.98
深圳	396	10.14	335	36725.01	4.31
杭州	286	7.32	225	131225.20	15.39
广州	167	4.28	133	20517.32	2.41
苏州	113	2.89	98	22627.37	2.65
成都	104	2.66	83	12866.95	1.51
南京	95	2.43	77	28474.69	3.34
武汉	60	1.54	48	7449.12	0.87
天津	46	1.18	44	13583.80	1.59
长沙	34	0.87	29	4193.68	0.49
青岛	33	0.85	29	3497.23	0.41
无锡	32	0.82	26	1752.38	0.21
重庆	31	0.79	28	4374.07	0.51
其他市	840	21.51	733	166058.92	19.47
合计	3905	100	3204	852763.58	100

信息来源:私募通 2019.03,www.pedata.cn。

(2)私募股权投资(PE)基金投资杭州企业情况按行业分布分析

按"1+6产业集群"模块分析,2018年,杭州私募股权投资中符合"1+6产业集群"的投资事件共232起。其中数字产业投资案例数138起,占比59.48%,排名第一;披露金额的投资案例数107起,投资金额147.72亿元人民币。健康产业投资案例数39起,占比16.81%,排名第二;披露金额的投资案例数32起,投资金额30.21亿元人民币,占比2.58%。如表17所示。

表17 2018年杭州私募股权投资按"1+6产业集群"模块分布

城市	投资案例数(总数)/起	比例/%	投资案例数(披露金额)/起	投资金额/百万元人民币	比例/%
数字产业	138	59.48	107	14772.33	12.62
健康产业	39	16.81	32	3020.55	2.58
文化创意产业	25	10.78	20	3294.86	2.81
金融服务产业	18	7.76	14	95512.24	81.59
高端装备制造产业	8	3.45	6	449.60	0.38
旅游休闲产业	2	0.86	2	11.00	0.01
时尚产业	2	0.86	1	1.00	0.00
合计	232	100.00	182	117061.59	100.00

信息来源:私募通2019.03,www.pedata.cn。

按"七大未来产业"模块分析,2018年,杭州私募股权投资中符合"七大未来产业"的投资事件共81起。其中人工智能发生48起,占比59.26%,排名第一;披露金额的投资案例数36起,投资金额51.09亿元人民币。生物技术和生命科学投资案例数23起,占比28.40%,排名第二;披露金额的投资案例数21起,投资金额29.31亿元人民币,占比34.83%。区块链投资案例数7起,占比8.64%,排名第三;披露金额的投资案例数5起,投资金额2.83亿元人民币,占比3.36%。相较于2018年上半年,下半年在生物技术和生命科学的投资案例数大大增加。如表18所示。

表 18 2018 年杭州私募股权投资按"七大未来产业"模块分布

行业	投资案例数（总数）/起	比例/%	投资案例数（披露金额）/起	投资金额/百万元人民币	比例/%
人工智能	48	59.26	36	5109.37	60.71
生物技术和生命科学	23	28.40	21	2931.02	34.83
区块链	7	8.64	5	282.84	3.36
量子技术	1	1.23	1	57.84	0.69
虚拟现实	1	1.23	1	34.70	0.41
增材制造	1	1.23	0	0.00	0.00
商用航空航天	0	0.00	0	0	0.00
合计	81	100.00	64	8415.77	100.00

信息来源：私募通 2019.03，www.pedata.cn。

独角兽企业投资情况，2018 年，杭州私募股权投资基金投资项目中，有 4 个独角兽企业获得投资，其中披露投资金额的有 3 个，投资金额共计 982.72 亿元人民币。如表 19 所示。

表 19 2018 年杭州私募股权投资"独角兽企业"投资情况

企业名称	投资案例数（总数）/个	投资案例数（披露金额）/个	投资金额/百万元人民币
杭州网易云音乐科技有限公司	1	1	2839.71
杭州优行科技有限公司	1	1	1200.00
时空电动汽车股份有限公司	1	0	0
浙江蚂蚁小微金融服务集团股份有限公司	1	1	94232.57
合计	4	3	98272.28

信息来源：私募通 2019.03，www.pedata.cn。

3.2018 年杭州企业私募股权投资(PE)退出分析

(1)杭州企业私募股权投资(PE)退出总量分析

2018 年,全国私募股权投资共发生 1441 起退出事件,其中杭州发生 68 起,占比 4.72%,排名国内主要城市第四。北京、上海、深圳分别以 322、188、137 笔退出事件,占比 22.35%、13.05%、9.51%,排名前三。如表 20 所示。

表 20　2018 年杭州私募股权投资退出与国内其他城市比较

城市	退出案例数/起	比例/%
北京	322	22.35
上海	188	13.05
深圳	137	9.51
杭州	68	4.72
无锡	52	3.61
苏州	51	3.54
广州	37	2.57
武汉	35	2.43
成都	32	2.22
南京	30	2.08
长沙	25	1.73
青岛	12	0.83
天津	9	0.62
重庆	6	0.42
其他市	437	30.33
合计	1441	100.00

信息来源:私募通 2019.03,www.pedata.cn。

(2)杭州私募股权投资(PE)退出方式分析

2018 年,杭州企业私募股权投资共发生 68 起退出事件,退出方式以 IPO、并购、股权转让为主。其中 IPO 退出方式最为常见,2018 年杭州私募股权投资 IPO 退出 43 起,占比 63.24%,并购退出 12 起,占比 17.65%,股权转让退出 5

起,占比 7.35％。如表 21 所示。

表 21　2018 年杭州企业私募股权投资基金退出方式分布

退出方式	退出案例数/起	比例/％
IPO	43	63.24
并购	12	17.65
股权转让	5	7.35
回购	5	7.35
借壳上市	1	1.47
其他	2	2.94
合计	68	100.00

信息来源:私募通 2019.03,www.pedata.cn。

(3)杭州企业私募股权投资(PE)退出行业分布分析

按"1＋6 产业集群"模块分析,2018 年,杭州企业私募股权投资退出事件中符合"1＋6 产业集群"的退出事件共 57 起。其中金融服务产业发生 20 起,占比 35.09％,排名第一;文化创意产业发生 15 起,占比 26.32％,排名第二;数字产业发生 13 起,占比 22.81％,排名第三。如表 22 所示。

表 22　2018 年杭州企业私募股权投资退出按"1＋6 产业集群"模块分布

行业	退出案例数/起	比例/％
金融服务产业	20	35.09
文化创意产业	15	26.32
数字产业	13	22.81
健康产业	7	12.28
高端装备制造产业	1	1.75
时尚产业	1	1.75
旅游休闲产业	0	0
合计	57	100.00

信息来源:私募通 2019.03,www.pedata.cn。

按"七大未来产业"模块分析,2018年,杭州企业私募股权投资基金退出项目中,按"七大未来产业"模块分类,共有6起退出,全部发生于生物技术和生命科学行业。

二、2018年杭州境外投资概况

(一)2018年杭州境外投资政策环境

2017年12月26日,国家发展改革委发布《企业境外投资管理办法》(国家发展和改革委员会令第11号,以下称"新办法"),于2018年3月1日起在全国施行。与此同时,《境外投资项目核准和备案管理办法》(国家发展和改革委员会令第9号,以下称"9号令")同步废止。"新办法"从简政放权、放管结合、优化服务三个方面进一步对跨境投融资体制进行改革。

"新办法"的出台,有利于提升跨境并购和投资的效率,同时,由于政府审批带来的不确定性和风险将大幅减少。随着"新办法"境外投资审批流程优化,国家在外汇管制方面的管放结合,2018年海外战略性并购投资成为2018年境外投资的亮点。"新办法"的出台提升境外投资和交易的效率,在一定程度上弥补了中美贸易战、资本寒冬对跨境投资的冲击。"新办法"在服务内容与服务方式上的全面优化,可以有效地、及时地向投资主体提示境外经济和安全风险状况,有利于境外投资持续健康发展。

(二)2018年杭州境外投资情况分析

在国际贸易投资新环境之下,杭州境外投资中高端产业跨国并购成为杭州境外投资主流,企业跨国并购占对外投资的比重不断增长;"一带一路"建设稳步推进,纺织业、建材等传统优势行业在沿线国家布局态势良好,对实现杭州企业产地多元化,促进沿线国家发展,应对贸易摩擦意义重大。

以人工智能、大数据、云计算、生物医药、智能安防、汽车制造等高新技术及高端装备制造为特征的产业特点赋予了杭州企业高质量"走出去"的强劲实力。杭州企业"走出去"的规模、质量和效益将不断加大,在省内的龙头领跑示范带动作用将进一步增强。

要持续实现高质量的"走出去",创新必不可少。目前,越来越多的一线城市正在通过在海外布局实体化平台,来推动整个创新资源的集聚及创新引领的"走出去"和"引回来"。通过"平台＋投资＋服务",在孵化器中引入投资资源,叠加商务、法务、会计等政策性服务体系,使企业能和海外资本、技术更紧密地结合,加速成长。

在"一带一路"政策引导下,2018 年,外资机构投资杭州企业方面取得了良好的成绩。根据清科旗下私募通数据显示,2018 年发生的外资机构投资杭州市企业的股权投资案例 90 起,其中披露金额的投资案例 82 起,投资金额 793.94亿元。

三、杭州股权投资业发展趋势分析及政策建议

(一)杭州股权投资业发展趋势分析

1. 打造"双创示范",服务小微企业

近年来,杭州围绕"双创示范"工作目标任务,开展了一系列的工作。建设众创空间,培育小微企业;提供优质的政府服务,为小微企业创造贴心的服务平台;大力引导社会资本进入小微企业,创新金融服务小微企业。

从全国政策方面来看,2018 年 5 月,财政部、国家税务总局发布通知,向各类小微企业提供税收优惠政策。政策的利好将促进在股权投资产业链最前端的小微企业规模不断扩大。国家对小微企业实施税收优惠政策,大大提升了市场对小微企业的投资的热情,有利于改善小微企业的融资环境,为更多的创投企业吸引更多早期阶段的投资。国家政策的利好与投资环境的改善为杭州小微企业提供了良好的融资空间,同时也为杭州双创建设提供了良好的政策环境。

从杭州创新创业环境方面来看,杭州拥有"引资＋引智"的国际化机制、"资助＋投贷联动"财政扶持机制、"互联网＋"小微企业公共服务体系、"杭州标准"的小微企业双创基地、"最多跑一次改革"的服务机制、打造最优双创环境政策等良好的双创环境,这为杭州打造"双创示范"城市奠定了基础。

杭州拥有双创建设良好的氛围。杭州建设有众多的孵化器、众创空间,梦想小镇、玉皇山南基金小镇等特色小镇,未来科技城等国家双创示范基地……杭州为创业者和创新企业构建了各种类型、各有特点的创新创业空间载体,打造了具有"杭州标准"的小微企业双创基地。为全面激发小微企业创新创业的活力,杭州建设的"空间＋基金"模式的众创空间,具备鲜明的"空间＋投资"功能,将房东变股东,形成利益共同体。为满足小微企业创新创业更高层次的空间载体需求,杭州打造了"生产生活＋生态"的特色小镇建设模式。

近年来,杭州市在打造"双创示范",服务小微企业的工作中成绩亮眼,为杭州各类小微企业提供了良好的成长环境和丰富的发展资源。

2.科创板开辟退出新渠道

2018 年 11 月 5 日,首届中国进出口博览会在上海开幕。国家主席习近平发表主旨演讲,提出将在上海证券交易所设立科创板并试点注册制,支持上海国际金融中心和科技创新中心建设,不断完善资本市场基础制度。2019 年 1 月 30 日,中国证监会和上海证券交易所密集下发多份针对科创板的政策规则,包括《科创板首次公开发行股票注册管理实行办法》等 3 份部门规章和 6 份交易所规则。科创板的设立将针对科技创新企业,为科技创新类企业的上市融资、机构退出提供便利。

科创板的设立对投资机构来说是一个新的退出渠道。为了鼓励成长期的高科技企业上市,科创板实行多元包容的上市制度,符合科创属性的企业都有可能上市,如允许尚未盈利的企业上市,允许特殊股权结构的企业上市。这对于高科技企业众多的杭州来说是一个重大的利好,包括互联网公司在内的许多公司由于股权结构的原因无法在 A 股上市,纷纷赴海外上市发行,科创板的这一政策为这些高科技企业在国内上市开辟了道路。

科创板新股发行主要通过市场化方式决定,更强调市场在股票发行中的作用,充分发挥市场价格发现功能,对企业的市场化退出有重要的指导意义。

杭州作为科创大户,有大量优质科技型创业企业。科创板推出后,杭州企业集成电路、人工智能、生物医药等领域的优秀企业将选择登录科创板。科创板的推出无疑对杭州的诸多科创企业是重大利好。

3.政府政策扶持新经济,利好优质的高新科技企业

2018 年 5 月 10 日,关于《杭州市高新技术企业培育三年行动计划(2018—

2020 年)》(以下简称《行动计划》)推进工作会议召开。会议提出加大高新技术企业培育力度,推进杭州市高新技术产业发展,全面构建杭州全域创新格局。根据《行动计划》,到 2020 年,杭州市国家重点扶持高新技术企业(以下简称"国高企")数量目标力争达到 6000 家,高新技术产业增加值占规上工业增加值比重达到 60%以上,全市有效发明专利拥有量达 50000 件以上。对在省科技厅服务平台提交"国高企"认定申请,并通过省级评审(不含重新认定)的企业,由市本级财政给予每家企业一次性 20 万元申报经费补助;对获得科技部"国高企"申报认定(不含重新认定)的企业,市、区、县(市)两级财政再给予 40 万元奖励。

同时《行动计划》中还指出完善和优化高新技术产业投资环境,引进重大高新技术产业项目,重点推进电子信息、生物与新医药、航空航天、新材料、高技术服务、新能源与节能、资源与环境、先进制造与自动化等国家重点支持高新技术领域产业发展。积极培育人工智能、虚拟现实、区块链、量子技术、增材制造、商用航空航天、生物技术和生命科学等未来产业,支持传统企业转型升级,推动我市制造业向高端化迈进。到 2020 年,组织实施重大产业和关键技术创新突破项目达到 30 个,力争技改投资年均增长 15%以上,高新技术产业投资年均增长 10%以上。

此番举措将大力推动高新技术企业快速成长,同时也为杭州市股权投资发展明确投资方向。加之杭州以阿里、网易为代表的一大批高新科技企业引领,未来杭州将成为市内外股权投资机构关注的热点城市。

4. 发展乡村振兴战略,设立美丽乡村发展基金

2018 年开年,一号文件《中共中央国务院关于实施乡村振兴战略的意见》发布,文件主题是乡村振兴。它突破了过去仅仅局限于三农的格局,涉及了乡村与城市更宽广的领域,对今后三年,乃至 2035 年甚至 2050 年的乡村振兴战略进行了全面部署。文件内容大篇幅提及旅游,强调要实施休闲农业和乡村旅游精品工程。2018 年 9 月,中共中央、国务院印发了《乡村振兴战略规划(2018—2022 年)》。规划对实施乡村振兴战略作出阶段性谋划,分别明确至 2020 年全面建成小康社会和 2022 年召开党的二十大时的目标任务。规划的颁发,有利于各地区各部门根据实际制定具体的战略方案,全面推进新时代乡村振兴。

为实施乡村振兴战略,破解美丽乡村建设资金瓶颈,加大美丽乡村投入力度,杭州市桐庐县在全省率先设立了美丽乡村发展基金,在破解村集体融资难问题、提升农村业态、释放富民效应、带动农民增收等方面起到了积极的作用。

美丽乡村发展基金为乡村振兴扩渠道、融资金,为乡村振兴注入新动能。按照"政府引导、市场运作、放大资本、分类管理、滚动发展"的基本原则,桐庐县美丽乡村发展基金的资金筹集由单纯财政资金转为财政资金与社会资本共同投入,撬动金融资本和社会资本共同投资美丽乡村建设。通过设立基金的新思路,进一步撬动社会资本,探索金融服务在乡村振兴战略中新的意义和积极作用,为杭州各地乡村增收入、强底气。以基金为桥梁和纽带,带动农村项目落地与发展,收储盘活农业农村闲置或低效资源,变美丽乡村为美丽经济,不断增强农民底气和生活幸福感。针对贫困农户和经济薄弱村,以基金信用托底,与当地农商银行开展战略合作,推出投贷联动"光伏扶贫增收"项目,开展低息光伏项目,增加其经营性收入。

(二)杭州股权投资业发展问题及政策建议

1.杭州投资业发展问题

目前我国股权投资市场尚未形成一个完善的法律监管体系和规范的市场。近年来,全国和地方的各项针对私股权投资市场的政策频发,而杭州的股权投资市场在募集、投资和退出方面受市场和政策的影响较大。2018年4月27日,央行、银保监会、证监会、外汇局联合印发了《关于规范金融机构资产管理业务的指导意见》(银发〔2018〕106号,以下简称"《资管新规》")。2018年7月20日,央行发布《关于进一步明确规范金融机构资产管理业务指导意见有关事项的通知》,保监会发布《商业银行理财业务监督管理办法(征求意见稿)》,证监会也于当日晚间发布《证券期货经营机构私募资产管理业务管理办法(征求意见稿)》。至此,"一行两会"的资管新规细则全部问世。《资管新规》对于杭州的股权投资市场影响较大,尤其是在当前贸易战持续升级、国内政策叠加共振的市场环境下,杭州股权投资市场项目的估值逐渐下降,项目投资更加谨慎。另一方面,浙江省政府办公厅于2018年4月发布《浙江省人民政府办公厅转发省发展改革委等部门关于进一步引导和规范境外投资方向实施意见的通知》,进一步引导和规范浙江省企业境外投资方向,刺激杭州的股权投资基金参与境外投资。这一政策对杭州的境外投资是一重大利好,在"一带一路"的政策指导下,杭州股权投资市场境外投资获得了重大发展。

杭州的股权投资市场行业集中度较高。按"1＋6 产业集群"分,杭州的股权投资市场投资最热门的行业为数字产业,按"七大未来产业"分,杭州的股权投资市场投资最热门的行业为人工智能。这两个行业无论是在早期、VC 还是 PE 市场均为投资最热门的行业,无论投资案例数还是投资金额均远远超过其他行业。杭州股权投资市场的投资同质化严重,这一方面跟国家的产业政策、杭州当地的资源优势、产业集聚有关,另一方面也是由于资本具有逐利性,为了追求较高的投资回报率,同时为了规避风险,市场上多数资金选择跟风投资,集中投资机构较热门的领域和行业。因此,造成了杭州股权市场投资行业集中度较高,热门行业集中投资的现状。

杭州股权投资市场退出渠道不完善。目前市场上主要的退出渠道较少,主要有 IPO、并购、股权转让、新三板等。其中 IPO 退出仍然是杭州股权投资市场最理想的退出方式。但是随着 IPO 批文多次暂停或暂缓发行,IPO 退出的道路坎坷。全国新三板市场方面,从挂牌家数来看,2018 年全国新三板挂牌公司数量为 10691 家,较 2017 年下降了 939 家。进入到 2018 年,新三板的摘牌潮有愈演愈烈的趋势,新三板企业挂牌公司家数在 2018 年达到拐点,首次出现挂牌家数下降。从发行金额来看,2018 年全国合计发行 604.43 亿元,较 2017 年下降 731.82 亿元。就股权投资市场而言,虽然新三板依旧是杭州股权投资退出的重要渠道,但是未来新三板在杭州股权投资退出阶段所占的比重将越来越低。未来杭州股权投资市场仍需寻找并发展更多更完善的退出路径,保障投资者的利益。

2.杭州投资业发展建议

完善相关法律法规,规范监管。建设一个规范有序的市场是杭州股权投资健康发展的前提。目前我国已经形成了初步的监管体系,杭州也出台了相应的政策和规定。但是由于股权投资毕竟在中国发展的时间还较短,杭州的股权投资市场尚在摸索中,无论是在募集、投资还是退出方面仍然受市场和政策的影响,导致波动性较大,所以,杭州的股权投资发展需要在地方政策导向、行业规则制定、地方监管体系制定等环节积极探索适合当地发展的道路,保持政策的一致性和完整性,为杭州私募股权投资市场创造稳定、良好的发展环境,保证杭州私募股权投资市场的健康发展。尤其是对于乡村振兴、创新创业等政策性的导向,更是需要杭州市政府做好长远规划,坚决贯彻实施,给予相关产业和相关领域长期稳定的政策支持。

为了解决杭州的股权投资市场行业集中度较高的问题,需要进一步发挥政府引导基金的作用,通过政府引导基金的引导以及一系列政策联动,撬动社会资本,引导产业投资。目前,杭州重点发展数字产业集群、文化创意产业集群、旅游休闲产业集群、金融服务产业集群、健康产业集群、时尚产业集群、高端装备制造产业集群等"1+6产业集群"和人工智能、虚拟现实、区块链、量子技术、增材制造、商用航空航天、生物技术和生命科学等"七大未来产业",为了促使各大重点产业健康、均衡发展,杭州应当通过优惠政策、产业政策,推动资金向重点产业和重点行业倾斜,帮助企业打通产业链上下游,帮助企业尽快做大做强,改善产业投资环境,使得各大重点发展的行业和产业均能得到充分的发展。在优质的投资机构的参与下,在资金方面获得帮助,为科技研发提供资金,帮助企业获得自主知识产权和专利,进而加快杭州本地产业升级的进程。同时鼓励优质的投资机构参与企业管理,为企业提供战略规划、财务、税务、人力资源管理等方面的投后增值服务,增强企业的综合竞争力。一方面能够帮助企业做大做强,另一方面也有助于促进行业和产业的发展,为产业链投资提供良好的环境。

大力发展多层次资本市场,完善股权投资退出机制。股权投资的目的是获得资本收益,完整的股权投资过程包括募资、投资和退出,退出是股权投资运行中最后一个过程,也是判断股权投资发展的一个重要的衡量因素。发展股权投资市场,完善退出机制是重要的一个环节。为了进一步完善杭州股权投资市场退出机制,需要构建多层次产权交易市场,鼓励杭州企业通过 IPO 上市、新三板挂牌、地方股权系统交易、并购等方式退出,为股权投资退出搭建良好的平台,拓宽股权投资退出渠道。尤其是为了鼓励成长期的高科技企业上市,我国新设立了科创板,进一步完善了我国的多层次资本市场,为股权投资退出提供了新的通道。杭州市政府实施推进企业上市和并购重组的"凤凰行动"计划。根据"凤凰行动"计划,到 2020 年力争境内外上市公司达到 235 家,重点拟上市企业 100 家,挂牌企业及浙江股权交易中心各板块企业合计达到 2600 家,股份公司达到 2700 家;通过资本市场融资累计达到 8700 亿元,直接融资占比 35％以上;获得多层次资本市场服务的企业,占全市规上(限上)企业的比例达到 15％以上。实施"凤凰行动"计划,有助于杭州发展多层次资本市场,为杭州的股权投资退出拓宽路径。

2018 年杭州市金融仲裁发展报告

杭州金融仲裁院

2018 年金融仲裁院在市委领导的关心指导下,在各部门的支持帮助下,全体工作人员共同努力,依法、公正、高效地开展金融仲裁工作,有效化解社会矛盾,防范金融风险,保障当事人合法权益,为杭州经济和社会发展作出积极的贡献。

一、金融仲裁案件稳定增长

(一)案件数量增长,受案类型多样

2018 年金融仲裁院受理案件数量快速增长,立案 5643 件,与去年立案 576 件相比,同比上升 879.69%。案件涉案标的额 66.939 亿元,与去年涉案标的额 7.8037 亿元相比,同比上升 757.79%。在传统优势领域保持一定稳定性的同时,继续在期货经纪合同纠纷、融资居间合同纠纷、公司债券交易纠纷、融资租赁合同纠纷、委托理财合同纠纷、信托纠纷、证券纠纷等新型案件中大力拓展仲裁事业,推进仲裁选择。当事人双方均为外地的案件比往年大幅提高,表明金融仲裁的影响力不断加强,品牌效应逐渐形成。

2018 年办结金融案件 5723 件,与去年办结案件数 389 件相比,同比上升 1371.21%。其中裁决率为 8.47%,撤案率为 4.44%,调解率为 87.09%。快速结案率 92.11%,同比上升 76%。全年没有被市中级人民法院撤销、不予执行案件,高质量的案件审理取得了较好的社会效果。

(二)抓住重点,金融仲裁"点线面"全面发展

杭州仲裁委员会(下称仲裁委员会)在市委、市政府的领导下,在省、市政府

法制部门的指导下,坚持"高效、公正、和谐"的价值取向,坚持"规模化、规范化、智能化、国际化"的工作方针,强化"服务仲裁"理念,认真分析仲裁形势,明确工作目标和方向,深化仲裁服务领域,努力提升仲裁品质和服务水平,争创"国内一流、国际知名仲裁机构",因时因事施策,切实发挥仲裁在化解社会矛盾中的重要作用。

以保险调解中心为"点",扩大保险仲裁调解影响力。仲裁委员会在市人保保险公司、萧山人保保险公司、市平安保险公司、市太平洋保险公司四家保险公司设立保险仲裁调解中心受理处。2018 年度,保险仲裁调解中心共受理案件 4915 件,标的 1.0748 亿元,体现了仲裁调解"速度快、费用低、专业性强、自动履行率高"的特点,创新了以侵害方、受害方和保险公司三方参加调解的模式,增强了调解的法律效力,取得了较好的社会效果。

以国际金融为主"线",在国际金融仲裁领域发挥影响。仲裁委员会设立的杭州国际仲裁院,2018 年度,受理金融类案件 104 件,其中融资租赁合同纠纷案件 53 件,合同纠纷案件 39 件,金融借款合同纠纷案件 4 件,民间借贷纠纷案件 6 件,车辆保险纠纷案件 1 件,证券纠纷案件 1 件,标的额共计 12.6213 亿元。国际院主办"2018 中国投资论坛""一带一路与海外仲裁——中国企业的机遇与挑战"等会议,同时加强与境外机构联络合作,极大地扩大了国际金融仲裁影响力。

以区域仲裁分会为"面",全面巩固萧山分会建设成果。仲裁委员会设立的萧山分会,2018 年度,受理金融类案件 51 件,其中保险合同纠纷案件 2 件,民间借贷纠纷案件 25 件,追偿权纠纷案件 4 件,车辆保险合同纠纷案件 12 件,金融借款合同纠纷案件 1 件,委托理财合同纠纷案件 5 件,证券纠纷 1 件,抵押合同纠纷案件 1 件,标的额共计 1.3908 亿元。

《萧山日报》在 2018 年整版对分会八年来的仲裁工作进行了宣传和报道,大大提升了分会的影响力和区域仲裁意识。萧山分会以萧山区委常委、常务副区长、萧山仲裁分会委员会主任一行来分会视察为契机,积极争取区委、区政府对分会仲裁工作的支持,加强与区域内各金融机构的联络与走访,全面提升了区域内金融仲裁的影响力。

二、继续扩大金融仲裁发展领域

(一)积极拓展银行业仲裁选择

围绕商业银行风险管理,继续探索多元纠纷化解模式。通过梳理金融院成立以来所承办的银行纠纷案件,制订年度银行业仲裁发展计划,统计已有银行案件有关数据,积极发展银行传统业务选择仲裁。以建、工、交、农、中行、杭州银行为发展工作重点,积极走访建设银行浙江省分行及省分行营业部、工商银行浙江省分行及省分行营业部、农业银行浙江省分行、恒丰银行杭州分行、杭州银行,在各大国有银行和股份银行中推进仲裁选择。2018 年工商银行基金资管合同全面选择仲裁解决;杭州银行"公积贷"业务已全面选择仲裁解决,并已有部分案件申请仲裁。

探索银行新型纠纷仲裁解决的新方式:一是邀请部分驻杭银行、券商公司召开"资管新规下金融资管产品风险化解研讨会";二是邀请部分银行召开"基金风险与纠纷仲裁化解研讨会",积极探讨明年可能面对的基金暴雷与银行的关系与纠纷解决;三是联系走访浙江省银行业协会、浙江省银监会,主动针对显露的疑难问题研究金融仲裁案件中的解决思路。

在保证银行传统业务选择仲裁的同时,主动研究银行业发展趋势,推进银行创新业务选择仲裁。在注重提升裁决质量的同时,注重仲裁审理程序创新,提升金融仲裁服务水平,创设金融仲裁特色,努力打造杭州仲裁委员会的规模化、规范化、国际化发展。

(二)加强在保险合同领域推进仲裁

围绕保险行业特点,继续在非车险合同领域纠纷推进仲裁。在现有车辆保险合同纠纷处理的基础上,走访人民财产保险杭州市公司、太平洋财产保险省公司、阳光财产保险省公司,探索在非车险合同中约定仲裁。阳光财险在与阿里巴巴合作的线上财险等非车险部分合同文本中选择仲裁,太平洋财险在信用险等非车险合同试点选择仲裁。2018 年受理 4965 件保险纠纷案件,涉及人保财险公司、阳光财险公司、大地财险公司、平安保险公司、太平洋保险公司等,非车险案件逐渐增多,在保证办案质量和效率的同时,积累了一些保险合同纠纷办案经验。探索仲裁调解驻点保险公司,现已在人保市公司、阳光保险、太平洋保险等公司派驻人员现场仲裁调解,取得了较好的社会效果。

积极与人保杭州公司进行沟通,就车险保险疑难案件进行专门协调,对车险案件仲裁审理中遇到的普遍疑难问题进行系统的整理、归纳,统一了案件裁决思路,保证当事人的正当权利的同时,有效化解了社会矛盾。

(三)谨慎处理互联网金融纠纷仲裁解决

响应法制办文件政策,严格审查、谨慎处理互联网金融纠纷仲裁案件。在国家对互联网金融的严格监管形势下,谨慎处理 P2P 相关案件,加强立案、审理的监督审查,切实保障当事人权益。为互联网金融案件审理高质量和高效率审理探索打下较为扎实的基础。实现对进入仲裁程序的互联网金融案件的妥善解决。此外,针对个别疑难案件走访杭州市金融办,沟通案件处理情况,了解相关政策要求,确保高效、公正地处理案件,保障当事人的合法权利。

三、加强与相关部门的沟通协调

结合行业特点推进金融仲裁发展。一是积极参加法学会与行业协会组织的会议。金融仲裁院 2018 年参加了中国法学会仲裁法学研究年会及浙江省金融法学研究会年会,交流国内及省内仲裁发展情况;代表本委协办第六届中国首席法务官高峰论坛,同各知名公司首席法务交流探讨法律纠纷多元化争议解决方式;参加市委、市府办"全市金融工作会议";三次走访杭州省银行业协会沟通交流,在金融机构借款合同领域推广选择杭州仲裁。二是保持与法院的通畅对接。参加杭州市中级人民法院组织召开的"金融机构协助执行座谈会",并多次与中院就仲裁文书送达、确认仲裁效力的审理效率、撤销仲裁裁决的审判标准等问题进行了交流,全年没有被撤销和确认仲裁效力无效案件。三是增进了与律师事务所的协作力度。走访北京中伦律师事务所,就私募基金、金融同业机构间纠纷仲裁解决与仲裁选择进行交流研讨;分别与浙江海邦律师事务所、北京中伦律师事务所开展金融论坛,对普惠金融纠纷和仲裁解决机制与基金风险,以及纠纷仲裁化解问题进行研讨;参加市律协金融法律专业委员会例会,组织部分律师仲裁员确定金融仲裁发展计划。四是建立与其他仲裁机构的不定期交流沟通机制。赴厦门仲裁委、福州仲裁厅进行实地考察,就仲裁机构的管理与运作、金融仲裁的推广适用、案件的送达执行等方面进行了深入交流。

四、加强金融仲裁公信力建设

加强金融仲裁规范化,保证办案质量和效率。一是注重提升办案秘书办案质量。在日常工作中,跟进办案秘书的办案情况,研究重点、疑难案件,更好地服务仲裁庭;细化办案程序,统一类案裁决书格式,提高办案效率。二是严格贯彻落实重大事项报告制度。超千万元案件提前制定庭审预案,加强仲裁庭的庭前沟通,庭后及时报告,对超亿元案件仲裁审理进行总结,保证案件质量。三是规范庭前评议、庭后合议制度,建立与仲裁庭良好的沟通机制,及时高效地审理案件。四是梳理车险案件仲裁员办案情况,对仲裁员办理及时反馈,保证办案效果,让当事人满意。上述措施有效规范了金融仲裁的办案质量,提升了办案秘书的办案能力,为提升金融仲裁的公信力打下了坚实的基础。

突出金融仲裁特色,扩大金融仲裁影响力。一是召开"资管新规下金融资管产品风险化解研讨会""基金风险与纠纷仲裁化解研讨会",就资管新规及金融环境去杠杆业态下基金纠纷进行总结归纳,提出了解决建议。二是继续落实并探索银行案件快速审理特别程序,在现有法律框架下,尊重各方当事人意思表示的基础上,发挥仲裁快捷高效的特点,实现当天立案、当天调解、当天出具调解文书,有效地帮助银行提高不良贷款的处理效率,化解当事人之间的矛盾。三是邀请优秀仲裁员召开金融疑难案例分析学习会,研讨金融仲裁实务中难点问题,就仲裁释明权在庭审中的运用,仲裁庭调取证据以及"函询"应注意的问题,仲裁裁决说理应把握的原则等议题展开充分研讨,提高仲裁员和办案秘书的办案水平。

回顾 2018 年的工作,不论是金融仲裁案件数量、所涉领域,还是协同机制、公信力建设等方面都取得了长足的进步,但同时还存在金融仲裁发展效果不明显、发展办法单一、仲裁标的起伏较大等问题,尤其在银行领域的发展效果不明显,金融仲裁审理规范化水平、仲裁审理效率还有待提高。对新时期出现的案件量大、标的额小的批量案件处理及应对方法有所不足。

展望 2019 年的挑战,金融仲裁院将在杭州仲裁委员会的坚实领导下,积极争取中国人民银行杭州中心支行、浙江银监局、证监局、保监局(以下简称一行三局)以及省、市金融办等有关部门的支持,进一步加强与法院、金融机构、省四大协会(银行、保险、证券、期货)等行业组织的沟通联系,加快建立常态化协调机制,积极探索仲裁审理程序创新模式,有效推进金融争议解决方式专业化。

五、2019 年展望

(一)大力推进金融仲裁发展

以杭州市人民政府关于进一步贯彻落实《中华人民共和国仲裁法》的通知(杭政函〔2014〕164 号)为指导,积极将金融仲裁发展纳入党委和政府的工作大局,以新一届杭州市人民政府法制办领导持续大力推行仲裁工作为契机,加强与金融机构、行业组织、市场主体的沟通协作,以争创国内一流金融仲裁机构为目标,坚持仲裁发展为第一要务,逐步扩大仲裁解决金融纠纷的范围,创新金融仲裁发展方式,创新互联网金融纠纷仲裁解决模式,扩大金融仲裁社会公信力,实现金融仲裁快速、有效、可持续发展。

建立健全与党政机关、司法机关、法律院校、行业管理部门的联系沟通,建立稳定、常态化的联络机制,形成广泛有效的仲裁业务发展格局;以最高人民法院《关于人民法院进一步深化多元化纠纷解决机制改革的意见》,以及浙江省高院关于多元化纠纷解决机制的相关实施意见为契机,以杭州市中级人民法院、杭州仲裁委员会共同会商的《关于建立健全诉讼与仲裁相衔接的矛盾纠纷解决机制的会议纪要》为指导,借鉴先进发达仲裁机构工作经验,健全与法院沟通的长效机制,完善与法院执行、审判部门的联系协调,降低仲裁裁决被法院撤销的可能性,进一步提高仲裁案件保全和执行的效率与效果;建立与省、市律师协会金融专业委员会、商会及各类行业协会的有效联络机制，探索调裁结合化解金融纠纷的新途径，提升解决疑难金融纠纷的能力；继续加强与律师事务所联系，探索仲裁推广的新渠道；努力实现金融仲裁宣传工作广泛化，提高金融仲裁品位，完善金融仲裁拓展和运行机制，让更多市场主体知晓金融仲裁程序、优势和效果，有效化解金融风险，满足我市构建和谐社会，发展市场经济的需要。

（二）积极拓宽金融仲裁选择

1.拓宽银行业仲裁选择范围

突出仲裁解决银行业纠纷的优势，逐步扩大银行合同仲裁选择范围。对于国有商业银行，在保证现有试点支行和业务类型基础上，力争工、建、农、交行扩大仲裁试点范围，每行再争取1～2家支行或1～2类业务合同选择仲裁；积极探索银行创新业务仲裁解决方式，推进银行创新业务优先选择仲裁，扩大仲裁服务的业务种类和标的。对于股份制银行，争取恒丰银行、华夏银行、广发银行扩展1～2类合同选择仲裁；联系中国银行、中信、渤海、民生、邮储银行等股份制银行，争取中信银行确定1～2类合同或1～2家支行选择仲裁，中国银行、浙商、民生、邮储银行有所突破。对于城市商业银行，争取杭州银行在部分创新业务以及1～2家支行个人住房贷款合同选择仲裁的基础上，扩展2～3家支行和1～2类合同选择仲裁；争取杭州联合银行、金华银行扩大仲裁选择范围；争取民泰银行、稠州银行在仲裁选择上有所突破；积极联系走访北京银行、宁波银行、温州银行的在杭分支机构。探索适应商业银行类型化案件的仲裁审理方式，争取形成具有金融仲裁特色的审理机制和程序规则。

2.扩大保险业仲裁选择面

加强与保险协会与主要财产保险公司的联系，在人保省、市分公司财产保险、太平洋财产保险在意外险、责任险选择仲裁的基础上，进一步扩大非车险领域仲裁选择范围；在大地财险、浙商财险公司非车险业务已大部分选择仲裁，在阳光财险在货运险选择仲裁的基础上，进一步扩大非车险领域选择范围；在中华联合财险、国寿财险、中银财险、平安财险等保险公司中，力争1～2家在非车险业务仲裁选择上有所突破。

3.推进仲裁参与多元化解纷机制

推进多元化市场解纷机制杭州模式建设，进一步促进法治杭州建设和杭州城市国际化发展。进一步加快仲裁调解与法院对接的工作力度,依照与杭州市中级人民法院达成的仲裁参与多元化解纷机制的协议草案,在试点法院先行部署开展工作。加强与杭州中级人民法院配合,在民商事纠纷领域开展仲裁调解,及时解决遇到的问题,并对推进过程中遇到的问题及时进行协调指导与监督。

4. 提高小额贷款公司、担保典当的仲裁选择率

通过市金融办、小额贷款公司协会加强与小额贷款公司的联系,借鉴东冠、利尔达小额贷款公司选择仲裁的经验,力争 2~3 家小额贷款公司全面选择仲裁。在担保行业深入推行仲裁,以市担保行业协会为依托,争取推动 2~3 家担保公司选择仲裁条款,争取 1~2 家典当拍卖公司选择仲裁条款。

5. 健全民间融资借贷仲裁选择

健全对普通民众推介仲裁解决民间借贷纠纷的机制,研究民间融资借贷的新方式,以万城、卓家房产代理公司为依托,通过召开座谈会、研讨会等形式,争取 1~2 家民间投融资机构、第三方融资平台选择仲裁解决纠纷。

6. 完善其他领域金融发展渠道

加强与浙江金融产权交易中心的联系,争取其在主要业务中选择杭州仲裁;加强与浙江股权交易中心的联系,争取在私募债业务中选择杭州仲裁,扩大私募债选择仲裁解决的范围;联系走访基金小镇,争取在私募投融资、基金管理领域选择仲裁有所突破;联系走访浙商金汇、中建投等信托公司推行仲裁法律制度,争取在信托合同领域选择仲裁有所突破;加强与证券业协会的联系,探索证券纠纷多元纠纷解决,争取在证券合同中为中小投资者服务中心建立证券纠纷仲裁调解机制;联系走访财通证券、浙商证券,争取该领域选择仲裁有所突破。

(三)全力提升金融仲裁公信力

以"程序灵活合法、实体均衡公正"为原则,做好党委、政府和群众关注案件、重大疑难案件、标的额千万元以上的案件、集团仲裁案件"四类案件"办理工作,确保金融仲裁公平、公正。

1.创新金融仲裁方式

探索仲裁程序创新的方式,争取在庭审中向当事人释明方法、争议焦点归纳方式等方面有所突破;探索为不同银行纠纷设立不同的审理模式,研究资产证券化等银行创新投融资和泛资管业务纠纷、私募基金投融资纠纷、证券纠纷等金融新形态纠纷仲裁解决渠道;研究电子证据证明力和可采性等仲裁法律问题,健全互联网金融新型业态下的电子证据固定、存储等技术支持模块,进一步健全金融创新业务仲裁创新解决路径。

2.严格办案管理

分类建立庭审规范,提高办案效率,提高30日内结案比率,严防案件超期,保证年度结案率95%以上,当年新立案件的结案率55%以上;严格控制组庭后的开庭时限,提高庭前合议效果,努力提高案件调解率;规范庭审程序,研究简化仲裁程序的办法,完善裁决书制作格式;加强仲裁程序重点环节的调度、催办,办好新类型案件、超千万元案件等四类重点案件,保证案件质量;以"仲裁审理兼顾发展"为指导,制定办案参考保证同类案件裁决统一性;以"仲裁审理兼顾执行"为核心,确保仲裁裁决的可执行性;严格落实重大事项报告制度,加强与仲裁庭的沟通,加强协调法院确认仲裁效力、发回重裁案件,对重大疑难案件进行研讨论证,控制仲裁风险。

3.健全工作管理

将案件信访投诉与仲裁员管理相结合,强化仲裁员责任意识;健全制度规范,加强仲裁员管理和监督机制,结合仲裁员考核,多措并举确保案件办理公正廉洁。建立仲裁工作人员大局意识、责任意识、任务意识,诚心、优质、高效地为当事人和仲裁庭服务;加强案件研讨,通过案例分析、业务培训等形式提高办案秘书业务水平;拓宽金融仲裁视野,完善学习研究及调研机制;强化团队意识,增强队伍的凝聚力和向心力,树立公正、高效的仲裁形象。

4.加强互动交流

通过与省市律协、行业组织、市场主体等共同开展杭仲论坛、主题沙龙、座谈会、恳谈会、专题研讨会等活动,提高仲裁员金融专业化水平,进一步扩大选择仲裁解决纠纷的范围与标的。健全对银行、保险、证券、民间融资平台等的定期回访制度,多渠道、多方式听取相关机构及案件当事人的意见建议,及时、有效地改进金融仲裁服务工作,进一步推动金融仲裁工作发展。

在"金融新形势、新时代"背景下,我院将始终坚持依法、公正、高效地开展金融仲裁工作,积极应对新时代金融业态下仲裁所面临的挑战,为杭州的经济和社会发展作出积极贡献。

2018 年杭州市融资性担保行业发展报告

杭州市经信委

2018 年,我市把全力防范"两链风险",努力缓解中小企业融资难融资贵作为工作重点,配合省金融监管局落实《关于开展 2018 年融资担保机构合规性审查和非法集资风险排查工作的通知》工作,对全市担保机构进行全面监督和管理,努力营造有利于担保行业健康有序发展的良好环境。

一、融资担保行业基本情况

2018 年,我市共有 126 家(含 2 家分支机构)融资性担保机构。其中法人机构 124 家(国有控股 18 家,民营担保机构 105 家,另有 1 家基金类)。按注册资本金分:10 亿元(含)以上 2 家,其中国有控股 1 家;1 亿元(含)至 10 亿元 46 家,其中国有控股 14 家;5000 万元(含)至 1 亿元 45 家,其中国有控股为 2 家;5000 万元以下有 30 家,其中国有控股为 1 家。我市融资性担保行业从业人数 2018 人,其中研究生学历 108 人,本科学历 901 人,大专及以下学历 1009 人。

据统计,截至 2018 年末,全市新增担保金额 503.12 亿元,新增担保户数 34215 户;其中为中型企业担保金额 18.15 亿元,担保户数 188 户;为小微企业担保金额 104.54 亿元,担保户数 2378 户,小微企业担保金额比年初增长 5.89%。

全市融资性担保机构注册资本金合计 176.99 亿元,净利润 1.97 亿元,所有者权益 236.37 亿元,平均资本利润率 0.83%。

2018 年末,未到期责任准备金 8.62 亿元,担保赔偿准备金年末 10.90 亿元,一般风险准备金年末 1.14 亿元。累计担保代偿额年末 56.84 亿元。

总体上,担保机构在解决我市小微企业、三农融资难融资贵问题,服务国家双创战略,推动杭州市经济又好又快发展方面发挥了积极的作用。

二、融资担保工作完成情况

(一)强化行业监管,防范"两链风险"

1.开展融资性担保公司备案和合规性审查

积极配合省地方金融监管局做好融资担保机构合规性审查工作。2018年全市124家融资担保机构通过合规性审查获得省金融监管局核发的融资担保机构经营许可证,7家取消融资担保机构经营许可证。同时,对存在问题的企业坚决要求限期整改。

2.开展双随机检查

在融资担保公司自查的基础上,市融资担保机构监管部门会同担保业协会和第三方中介机构,对融资担保机构针对是否合法合规开展融资性担保业务,有无违规设立和使用账外账户,有无未经批准公开发行、转让股权、股票、基金及其他理财产品的情况,有无以各种媒体及传单、手机短信方式发布涉及非法集资广告资讯等情况开展双随机抽查。

3.开展融资担保机构信用评级

着力推进信用体系建设,每年组织融资担保机构参加担保机构信用评级工作,由专业的评估公司通过政府采购项目中标后对担保机构进行信用评级。2018年有51家担保机构参加评级,其中获得 AA 级 3 家、AA^- 4 家、A^+ 9 家、A14 家、A^- 10 家、BBB^+ 10 家、BBB^- 1 家。

4.加强融资担保机构大数据监管

对浙江省融资性担保行业监管信息系统及中小企业信用担保业务信息报送系统上各融资担保机构报送的数据进行及时监管,掌握担保行业的基本信息及数据,及时督促完善,引导担保行业规范发展。

(二)强化精准服务,营造良好行业环境

1.搭建平台精准对接服务

2018年12月12日,杭州市多部门合作协调,由32家(包括银行、担保机构、

资产管理公司、税务、法律事务所等)金融机构发起并成立了杭州市中小微企业金融服务联盟。联盟将围绕"服务"二字,精准有效服务有需求的小微企业,解决融资难融资贵等问题,与联盟成员一起共同打造专业、规范、高效的金融平台,不忘普惠初心,服务民营企业,使之成为杭州市金融环境优化发展的一张新名片。

2.做好各级政府对融资担保机构的奖补工作

主要是做好工信部和省奖补资金拨付工作。根据浙江省融资性担保行业监管信息系统的数据和融资担保公司提交的申报资料审核,协调拨付省对全市融资担保业务风险补偿1430万元;按照2018年国家中小企业发展专项资金(融资担保奖补资金部分),协调拨付工信部奖补市3230万元。同时,部分区、县(市)结合本地区实际,加大对小微企业和"三农"业务突出的融资担保机构奖补力度。

3.开展多方位培训

为提高担保机构的风险防范意识,市融资担保监管部门多次组织不同方位、不同层级的以防范和控制风险为主题的各类培训讲座。一是组织全市开展融资担保机构"两链"风险防范培训,并对《融资担保公司监督管理条例》及四项配套制度做了详细的解读。二是和萧山区经信局联合举办了萧山区融资担保行业业务培训,通过对全省融资担保行业现状的深度研判,剖析了担保行业现阶段存在的问题和新机遇。三是与联盟单位浙江泽大律师事务所、浙商银行联合举办了金融法律服务日活动,就"信贷风险与企业信用"这一课题,做了大量案例的解读分析,有利于企业化解信贷风险,避免触犯信贷风险引起的法律责任。四是和浙理咨询管理公司合作开展"企业税务筹划与账务处理"讲座,为企业提供新政解读、企业税务筹划路径和方法。五是为缓解创新型企业融资难现象,多次组织召开"政银担企"四对接活动,为融资担保机构搭建桥梁。

(三)强化机制完善,加快政策性担保体系建设

1.加快推进政策性融资担保体系"四个一"建设

2018年,市本级和各区、县(市)已全部建立促进政策性融资担保体系领导小组,工作机制基本形成,相继出台政策措施和风险补偿办法,政策措施进入全面贯彻落实阶段。全市通过新设、重组、合并等方式,共组建政策性融资担保机构17家,注册资本58.3亿元,达到政策性融资担保机构区、县(市)全覆盖目标。

2. 落实政策性融资担保业务资金扶持政策

2018 年 6 月,杭州市出台了《关于加快推进钱塘江金融港湾建设更好服务实体经济发展的政策意见》,明确了"每年安排资金用于对政策性融资担保机构的评价激励和对政策性融资担保业务的风险补助"机制。

三、行业主要困难和问题

1. 银担合作依然处于弱势地位

银行作为社会融资体系的主要组成部分,目前对担保行业的认同感不够,所设门槛高,银行过高的资格要求导致担保机构合作难。此外,部分银行对民营融资担保和政策性担保机构区别对待,也加大了民营融资担保的经营难度,更面临着银行随时中断合作的风险。

2. 中小微企业融资难没有明显好转

2018 年,我们抽取有融资需求的 102 家企业调查结果显示,获得融资的企业为 60 家,仅占 58.82%。企业反映,2018 年以来,银行银根明显收紧,小微企业融资贷款更加困难。主要原因是没有不动产抵押的企业占 48.2%,经营业绩不稳定的占 14.7%。我市中小企业外源融资的门槛仍然很高,主要体现在银行贷款及直接融资两方面。一是银行对中小企业抵押贷款要求严格,中小企业可抵押物少,抵押物的折扣率高。二是由于部分融资担保公司实力不足以及反担保的要求,使中小企业借助担保实现贷款的门槛提高。三是尽管近年来中小企业在新三板挂牌火爆,但由于缺乏抵押物,很难向银行贷款融资,根据调查,只有 2.5% 的企业表示依靠股票筹资,可见由于融资门槛高,股权融资和债券融资仍不能成为中小企业的主要融资渠道之一。

四、2019 年思路

2019 年,市融资担保监管部门将继续认真贯彻落实全国和全省有关文件政策精神,按照《融资担保公司监督管理条例》和省相关规章制度,坚持强服务、重监管和防风险相结合,认真履行监管职责,提升服务能力,推动政策性担保业务不断发展壮大,引导和促进融资担保行业健康发展。

2018 年杭州市创投工作发展报告

杭州市发改委

2018 年,市创投办在市委、市政府的正确领导下,通过政策引导加大创业投资扶持力度,深化金融服务机制创新,促进创投引导基金向更加市场化、专业化、规范化和国际化的方向转变,在推动"卡脖子"技术落地方面发挥先导作用,撬动更多社会资本进入新兴产业、未来产业等领域,营造创新创业创投融合的"三创"生态体系,推动了创投行业健康发展。

一、市创业投资引导基金工作情况

(一)总体情况

近年来,杭州市充分发挥政府创业投资引导基金的引导和杠杆撬动作用,推动民间资金服务地方经济建设取得了一定成效。2018 年市创投引导基金新增合作参股基金 9 家,规模 13.25 亿元,新增投资项目 67 个,新增 3 家新三板企业。累计合作参股基金 65 只,总规模 94.41 亿元。先后获得中国优秀创业投资引导基金成就奖、2017 年政府引导基金前十强、2017 年中国最佳创业投资引导基金 TOP10,自 2009 年起连续八年被"中国有限合伙人联盟"评为"全国十佳政府引导基金"等,杭州市 2018 年还获得"中国创投二十年最具活力城市"。

(二)工作特点

1. 畅通融资渠道,加强对科技型中小微企业的支持力度

始终坚持围绕实体经济,缓解小微创新企业融资难。截至 2018 年末,市创

业投资引导基金累计签约出资 16.53 亿元,累计实际出资 13.42 亿元,投资项目 545 个。其中创投引导基金合作参股基金累计投资项目 492 个,投资金额 51.39 亿元,带动社会联合投资金额 29.64 亿元。跟进投资 53 家,实际累计出资 1.10 亿元,带动社会资本 7.51 亿元,当年新增退出项目 1 个,本金合计 300 万元,利息收益 88.69 万元,累计已退出项目 35 个,回收投资本金 7324.4 万元。同时,依托杭州银行成立了以政府创业投资引导基金为核心,与创投机构紧密合作,专门服务于杭州科技型中小企业的科技支行,推出了银投联贷、股债平行基金、新三板起飞贷和风险池基金贷款等产品创新。科技支行已与 120 家创投机构建立了广泛的合作关系,截至 2018 年末,杭州银行科技支行贷款余额 55.24 亿元,同比增长 6.48%,其中 90% 为小微企业。

2. 加快项目投资,推动本地新兴产业发展

围绕杭州市 1+6 产业体系发展战略目标,发挥创投引导基金引导作用。截至 2018 年底,投资杭州市本地项目 299 个,占比 60.9%;投资金额 31.68 亿元,占比 61.65%。杭州项目中,初创期 218 个,占比 72.91%;投资金额 19.16 亿元,占比 60.48%。投资杭州的项目及金额、初创期项目的比例,无论从项目个数还是项目金额来看都超过了《杭州市创业投资引导基金管理办法》规定的要求。而且,投资杭州的项目与我市重点支持发展产业方向吻合度很高,被投企业行业覆盖了信息技术、生物医药、新能源、新材料、环保节能、知识型服务业等符合杭州市高新技术产业发展规划的领域。

3. 服务实体经济,助力"凤凰行动"

积极发挥创投机构专业优势和资源优势,帮助企业理清思路,在规范企业管理、解决疑难杂症、整合各方资源、推进资本运作等方面提供专业的管理支撑和增值服务,加快企业股改上市步伐,加速推动企业对接多层次资本市场,切实有效提升我市企业股改上市和并购重组的效率和成功率。2018 年杭州市 83 家重点拟上市企业名单中,引导基金参股的 17 支基金投资了东创科技、先临三维、陆特能源、捷尚视觉、华澜电子、绩丰岩土、嘉楠耘智等 15 家企业。这些企业大都是行业领先企业,其中先临三维作为较早涉足 3D 打印的企业,如今已是国内相关技术领域综合实力较为领先的三维成像技术企业;陆特能源凭借多年行业经验及先进的科研技术,已经在浅层地热能开发利用领域(地水源热泵

中央空调系统)居于行业龙头地位。

4.优化产业生态,推动"卡脖子"技术落地

近年来,市创投办通过政策引导,鼓励政府引导基金参股机构向专业化、国际化发展,在补短板和立长板的领域发挥创业投资的先导性作用,为我市经济高质量发展服务。以我市企业华澜微为例,华澜微是我国唯一全系列拥有固态存储控制器芯片的高科技公司,也是国际上少数拥有固态硬盘核心芯片产业化科技的公司之一。2018 年 9 月 28 日,华澜微在市政府创投引导基金阶段参股机构赛伯乐公司的支持下,完成了对 IBM 两个高端存储产品核心技术(企业级 ssd 主控芯片、磁盘阵列板卡控制芯片)的购买,使华澜微取得了两个高端大数据存储控制芯片的源代码,填补了国内技术的空白。

5.完善载体建设,培育壮大优质创投群体

以引导基金阶段参股为载体,通过设立专业化基金,不仅支持了赛伯乐、浙商创投、华睿、天堂硅谷等一大批本地创业投资机构的发展,同时吸引了包括中信聚信、深创投、德同资本、华映资本、同创伟业等国内著名创业投资机构,也包括美国硅谷银行直属的人民币投资基金管理机构盛维投资等国际风险投资机构。杭州良好的创业氛围吸引了众多一线投资机构,包括 IDG 资本、经纬中国、红杉资本、达晨资本、PreAngel 等均在杭州设立了办公室。与此同时,普华资本、如山资本、华睿资本、立元创投等一大批本地投资机构正在立足杭州,辐射全国。

6.稳步有序退出,提高基金循环使用效率

为了提高财政资金的使用效率,我们积极推进引导基金阶段参股项目的退出。2018 年完成合作参股基金完整退出 6 家,收回本息 24344.51 万元(其中本金 22300 万元,利息 2044.51 万元)。截至目前,整体及部分退出基金个数累计达到 18 支,退出总金额超过 5.79 亿元;其中整体退出 16 支,收回总金额 5.58 亿元。同时,通过将收回资金用于新设基金,提高引导基金的使用效率,实现资金良性循环。

二、2019 年市创业投资引导基金工作安排

（一）优化创投发展环境

1. 落实税收优惠政策

落实国务院常务会议和《关于创业投资企业和天使投资个人有关税收政策的通知》（财税〔2018〕55 号）等文件精神，切实把税收优惠落到实处。

2. 优化创投备案服务

按照"最多跑一次"的改革思路，为创投企业创造审批最少、流程最优、效率最高、服务最好的营商环境。推动创业投资领域信用信息纳入市级信用信息共享平台，并与企业信用信息公示系统实现互联互通，加强创投行业信用体系建设。

（二）举办第七届全国创投峰会

以全国大众创业万众创新活动周（简称 2019"双创"周）在杭召开为契机，积极筹备举办中国第七届创业投资行业峰会，充分展示我市创投十年来的成果，树立我市创投行业的品牌形象，吸引全球更多优秀创投机构落户杭州。

（三）积极对接科创板

按照习近平总书记有关科创板和"把长三角一体化发展上升为国家战略"等重大决策部署，在科技金融、创业孵化、创业投资、技术协作等方面探索新的工作机制，探索创新创业与长三角资本市场一体化对接的畅通路径。密切关注科创板的政策动态，发挥政府创投引导基金的引导作用，鼓励创投机构加大创新科技项目的投资，使创投机构成为推动发展创新科技的积极参与者、坚定的践行者、具体变革的引领者、发展成果的分享者，当好排头兵。抢抓企业在科创板上市的战略机遇，在对接上海、加快融入长三角一体化的进程中，积极吸纳上海的项目、资金、技术、信息外溢，成为建成 G60 科创走廊节点中科技创新创业带的龙头，发挥示范带头作用。

(四)加强投后管理,提高专业化水平

目前市创投引导基金已累计参股65支基金,且不断有子基金新设,参股基金目前已累计投资400余家企业,基金数量和企业数量的增长对基金的投后管理及绩效统计工作提出了新的要求。下一步将重点加强基金投后管理工作,完善引导基金管理系统,加强参股基金的日常走访与交流沟通,不断提高工作的专业化、精细化程度。

2018 年杭州市典当行业发展报告

杭州市商务委

  截至 2018 年 12 月 31 日,杭州市行政区域范围内共有典当企业 95 家、分支机构 11 家。其中,主城区典当企业 66 家、分支机构 7 家;萧山区典当企业 10 家、分支机构 2 家;余杭区典当企业 7 家、分支机构 2 家;富阳区典当企业 4 家;临安区典当企业 3 家;桐庐县典当企业 2 家;建德市典当企业 1 家;淳安县典当企业 2 家。

  杭州市典当业积极为中小企业添砖加瓦,为居民排忧解难,提供优质服务,在我市的经济建设中发挥了重要的作用。据统计,截至 2018 年底,全市 95 家典当企业、11 家分支机构实收资本 35.93 亿元;实现典当金额 152.23 亿元,同比增长 12.31%;业务笔数 47604 笔,同比基本持平,平均单笔典当业务金额 31.07 万元;利息和综合服务费收入 25495 万元,同比增长 29.28%;上缴税金 4865 万元,同比增长 23.70%;实现利润总额 12914 万元,同比增长 23.37%。亏损企业 35 家,占全部企业的 36.8%,同比下降 3.52%。亏损额 2023.04 万元,同比基本持平;从业人员 527 人,同比下降 13.08%。平均每家企业只有 5 个工作人员。

  从上报行业协会报表的 61 家典当企业数据分析,2018 年杭州典当经营呈现如下特点:

  (1)典当企业数量呈较快增长,行业队伍迅速扩大。受国家金融政策影响,2018 年民间资本要求申办典当牌照的热情持续高涨,管理部门也乐见其成。据统计,2018 年新批准设立典当企业 14 家,创历史纪录,典当企业总量达到 95 家,行业队伍迅速扩大。

  (2)民品典当止跌回稳,房产典当继续保持增长。2018 年动产典当金额 15.94 亿元,同比增加 11.10%,财产权利典当金额 31.10 亿元,同比下降 2.8%,房地产典当金额 100.89 亿元,同比增长 7.19%。三大业务比例,动产典当占 10.77%，财产权利占 21.02%，房地产典当占 68.20%。

（3）业务收费水平有所提高，但仍在低位徘徊。全年业务平均收费水平：动产 18.80%（续当笔数较多），财产权利 21.52%，房产 14.62%。同比除动产业务收费水平下降外，财产权利和房产业务收费水平都呈上升趋势，同比分别增长 7.12% 和 2.92%。这个收费水平虽比往年有所提高，但仍在低位，2000 万元以下小型典当企业要有盈利仍然比较困难。

（4）企业间经营业绩参差不齐，相差悬殊。从收入看，排名前 8 的企业，收入总额占统计企业的 69.02%。从利润看，排名前 8 的企业占统计企业的 94.69%。其他 53 家企业收入只占 30.98%，利润只占 5.31%。

（5）资产质量有所提高，金融服务能力进一步增强。2018 年行业总资产 35.92 亿元，其中负债 3.73 亿元，负债率为 10.38%，与去年基本持平。逾期典当金额 5.76 亿元，同比下降 2.02%，其中超过一年的逾期典当金额 3.91 亿元，同比下降 6.68%。期末在当余额 26.65 亿元，同比增长 18.34%。

2018 年典当经营在 2017 年增长的基础上继续向好的方向转变，收入增长，利润增长，亏损企业减少，资产质量进一步得到优化。这一系列变化是自 2008 年金融危机以来，杭州典当企业积极开拓进取、持续奋斗的结果。同时，我们也要清醒地看到在经营中存在的一些问题，一是少部分企业的业绩掩盖了行业整体盈利能力不强的问题。除去行业排名前 8 的 8 家企业，杭州市典当行业的经营业绩就是个负数，说明多数企业是不盈利的。二是即使是行业排名前 8 的企业，其盈利能力也不是很强，其平均资金收益率只有 9.30%，资金利润率只有 6.62%，比较低下。

展望 2019 年，随着国家对金融领域的深化改革继续推进，市场环境将得到进一步净化，市场资源将进一步向有牌经营行业集聚，典当行业在行业监管部门的转变中，也可能解决一些长期困扰行业发展的瓶颈问题，这些变化对行业发展是利好因素。同时，我们也要看到，当前国际国内形势错综复杂，国内经济在新旧产能换档转型期，经济下行的压力有可能冲淡对行业的利好。机遇与挑战并存，关键还是我们自己，如果我们努力进取，积极应战，对外兴利除弊，对内做好管理，练好内功，规范经营，防控风险，我们就能够实现我们的经营目标，行业发展可期。

2018 年杭州市上市公司并购重组发展报告

杭州市白沙泉并购金融研究院

2018 年,是浙江省"凤凰行动"计划的第二年,也是关键之年。"凤凰行动"计划实施后,作为浙江资本市场重要组成部分的杭州也积极投身其中。杭州市政府联合投资机构、中介机构和上市公司等共同努力,掀起了杭州上市公司并购重组的热潮,成为杭州企业延伸产业链、促进产业升级以及开启国际化布局的重要助力,也成为杭州加快全面利用多层次资本市场,推动供给侧结构性改革和现代产业体系建设,加快实现高质量发展的重要抓手。

为助推企业有效对接资本市场,促进企业做强做优,杭州市政府组织开展"凤凰行动"财务高管专业能力提升项目,并于 2018 年 4 月发布了《杭州市"凤凰行动"财务指南》,从政策法规、流程指导、重难点分析等方面为企业上市及并购重组的财务规范提供专业指引。同时,2018 年 11 月杭州市举行了"支持民营企业助力凤凰腾飞"暨杭州市企业上市与并购促进会成立仪式,宣告全市首个在金融主管部门指导下,经民政部门登记注册的服务上市公司社会团体成立,进一步优化全市营商环境,加速民营企业对接资本市场。2019 年杭州市政府出台了《关于贯彻落实稳企业稳增长促进实体经济发展政策举措的通知》,继续深入推进"凤凰行动"计划,支持企业通过境内外上市、并购重组、发行债券等方式扩大直接融资。

一、杭州市上市公司并购重组概况

(一)并购交易数量及金额有所回落

截至 2018 年末,杭州拥有境内外上市公司 172 家,仅次于北京、上海和深圳,位列全国第四位。其中,拥有境内上市公司 132 家,境外上市公司 40 家,在全国省会城市中排名第一。2018 年,受 IPO 监管趋严、过会率降低的影响,杭州新增上市公司 10 家(境内 4 家、境外 6 家),与 2017 年相比减少 18 家。

据 Wind 数据库提供的数据统计,2018 年杭州共有 67 家上市公司发起并购交易,较 2017 年减少 10 家,总计 100 起交易,与 2017 年相比减少 44 起,涉及 106 家标的公司,同比减少 39 家,披露交易金额的并购达 96 起,共 379.56 亿元,较 2017 年减少 40.64 亿元。如表 1 所示。

表 1　2018 年杭州上市公司并购交易规模

年份	并购企业数量/家	并购标的数量/家	并购交易数量/起	披露并购金额交易数量/起	并购金额/亿元
2018	67	106	100	96	379.56
2017	77	145	144	140	420.20
2016	65	145	134	133	303.45

资料来源:Wind 数据库。

(二)深市主板并购家数多,沪市主板并购金额占比高

2018 年,深市主板并购上市公司数量最多,共有 28 家,涉及 43 次并购,沪市主板紧随其后,24 家上市公司披露了 36 次并购,创业板的 14 家上市公司涉及 19 次并购,香港上市公司 1 家发起了两次并购。从交易金额看,沪市主板披露的并购交易金额最高,为 159.78 亿元,占比达 42%,深市主板并购交易金额 111.42 亿元,创业板并购金额 51.81 亿元。而创业板的并购活跃度较低,平均每家公司仅发起并购 1.36 次,深市主板平均每家公司发起并购 1.54 次(见表 2)。

表 2　2018 年杭州并购交易板块分布

	深市主板	沪市主板	创业板	香港	总计
并购公司数量/家	28	24	14	1	67
占比/%	41.79	35.82	20.90	1.49	100.00
并购交易数量/起	43	36	19	2	100
占比/%	43.00	36.00	19.00	2.00	100.00
并购金额/亿元	111.42	159.78	51.81	56.55	379.56
占比/%	29.36	42.09	13.65	14.90	100.00

资料来源:Wind 数据库

(三)制造业依然是并购的主体行业,批发和零售业并购活跃

2018 年,杭州市发起并购交易的上市公司涉及制造业,信息传输、软件和信息技术服务业,房地产业,建筑业,批发和零售业,卫生和社会工作,采矿业,工业,金融业,科学研究和技术服务业,水利、环境和公共设施管理业,文化、体育和娱乐业,综合等十三个行业。

从并购方的行业来看,发起及完成并购交易最多的为制造业,并购家数 53 家,并购交易金额 205.10 亿元,其中完成并购 20 家,涉及交易金额 109.89 亿元。其次分别为信息传输、软件和信息技术服务业以及房地产业,发起了 15 家和 9 家,完成了 4 家和 2 家(见表 3)。所有行业中,除采矿业的并购交易 100% 完成外,批发和零售业的并购完成金额比重最高,高达 88%,其次为建筑业,达到了 79%。

表 3　2018 年杭州并购交易并购方行业分布

并购方行业	并购数 /家	占比 /%	完成数 /起	占比 /%	并购金额 /亿元	占比 /%	完成金额 /亿元	占比 /%
制造业	53	53.00	20	66.67	205.10	54.03	109.89	76.68
信息传输、软件和信息技术服务业	15	15.00	4	13.33	27.02	7.12	8.72	6.08
房地产业	9	9.00	2	6.67	15.33	4.04	6.96	4.86
建筑业	4	4.00	2	6.67	1.80	0.47	1.41	0.99
批发和零售业	4	4.00	1	3.33	16.76	4.41	14.83	10.35
卫生和社会工作	4	4.00	—	—	10.75	2.83	—	—
工业	2	2.00	—	—	56.55	14.90	—	—
综合	2	2.00	—	—	2.61	0.69	—	—
租赁和商务服务业	2	0.02	—	—	0.86	0.23	—	—
采矿业	1	1.00	1	3.33	1.50	0.40	1.50	1.05
金融业	1	1.00	—	—	20.37	5.37	—	—
科学研究和技术服务业	1	1.00	—	—	5.83	1.54	—	—

并购方行业	并购数/家	占比/%	完成数/起	占比/%	并购金额/亿元	占比/%	完成金额/亿元	占比/%
水利、环境和公共设施管理业	1	1.00	—	—	12.00	3.16	—	—
文化、体育和娱乐业	1	1.00	—	—	3.08	0.81	—	—

资料来源:Wind 数据库。

从并购标的所在行业看,被并购公司同样集中在制造业,共涉及 36 家公司,占总标的公司数的 34%,完成家数同样排在前列,达 16 家,占所有完成总数的 46%。位列其次的分别为信息传输、软件和信息技术服务业及批发和零售业,分别有 14 家和 10 家标的公司,均有 4 家完成了并购。所有行业中,农、林、牧、渔业的标的公司被收购完成率最高,达到 99%,其次为制造业、批发和零售业,分别为 45% 和 43%。如表 4 所示。

表 4 2018 年杭州并购交易并购标的行业分布

标的方行业	标的数/家	占比/%	完成数/家	占比/%	标的金额/亿元	占比/%	完成金额/亿元	占比/%
制造业	36	33.96	16	45.71	68.47	18.04	30.49	21.27
信息传输、软件和信息技术服务业	14	13.21	4	11.43	41.85	11.03	14.68	10.25
批发和零售业	10	9.43	4	11.43	40.09	10.56	17.29	12.07
多领域控股	8	7.55	1	2.86	17.30	4.56	4.55	3.18
金融业	8	7.55	3	8.57	53.11	13.99	4.17	2.91
房地产业	6	5.66	1	2.86	3.64	0.96	1.01	0.70
社会服务业	6	5.66	2	5.71	6.83	1.80	0.44	0.31
文化、体育和娱乐业	5	4.72	2	5.71	28.22	7.44	8.32	5.80
建筑业	4	3.77	1	2.86	13.63	3.59	1.36	0.95

续表

标的方行业	标的数/家	占比/%	完成数/家	占比/%	标的金额/亿元	占比/%	完成金额/亿元	占比/%
电力、热力、燃气及水的生产和供应业	3	2.83	—	—	14.81	3.90	—	—
农、林、牧、渔业	3	2.83	1	2.86	61.32	16.15	61.00	42.57
交通运输、仓储业	2	1.89	—	—	29.99	7.90	—	—
综合类	1	0.94	—	—	0.30	0.08	—	—

资料来源：Wind 数据库。

（四）并购标的集中在浙江省，省外更偏好江苏与北京

从标的公司所属的省份来看，杭州上市公司的并购重组标的更集中在浙江省，共有 54 家，占总量的 51%。省外最受欢迎的收购地区主要是江苏省和北京市，均有 6 家标的公司，占总量的 6%。再次是广东省，有 4 家标的公司，占比为 4%。标的公司在境外共有 13 家，占总量的 13%，分别为澳大利亚 3 家、美国 2 家、意大利 2 家、德国 1 家、瑞士 1 家、泰国 1 家、新加坡 1 家、英国 1 家和我国香港 1 家。如表 5 所示。

在浙江省内，杭州上市公司更偏好本地的标的公司，共有 44 家，占省内并购标的总数的 81%，其次为宁波和绍兴，分别有 5 家和 3 家。

表 5　2018 年杭州市并购标的区域分布

区域分布	标的数/家	占比/%	完成数/家	占比/%	标的金额/亿元	占比/%	完成金额/万元	占比/%
浙江省	54	51	13	43	142.04	37	19.42	14
江苏省	6	6	3	10	85.01	22	62.73	44
北京市	6	6	2	7	28.01	7	5.95	4
广东省	4	4	1	3	0.98	0	—	—
澳大利亚	3	3	1	3	9.85	3	3.71	3
山东省	3	3	—	—	20.87	5	—	—

上海市	3	3	—	—	27.26	7	—	—
深圳市	3	3	—	—	5.03	1	2.37	2
福建省	2	2	—	—	4.37	1	—	—
河北省	2	2	—	—	0.89	0	—	—
黑龙江省	2	2	—	—	1.36	0	—	—
美国	2	2	—	—	2.35	1	—	—
四川省	2	2	1	3	6.25	2	6.00	4
意大利	2	2	2	7	3.78	1	3.78	3
德国	1	1	1	3	2.88	1	2.88	2
广西壮族自治区	1	1	—	—	0.06	0	—	—
湖北省	1	1	—	—	0.22	0	—	—
内蒙古自治区	1	1	1	3	1.50	0	1.50	1
瑞士	1	1	1	3	12.35	3	12.35	9
泰国	1	1	1	3	—	0	—	—
天津市	1	1	1	3	1.36	0	1.36	1
香港特别行政区	1	1	1	3	4.55	1	4.55	3
新加坡	1	1	1	3	1.88	0	1.88	1
新疆维吾尔自治区	1	1	—	—	1.66	0	—	—
英国	1	1	1	3	14.83	4	14.83	10

资料来源:Wind 数据库。

(五)并购交易主要为股权收购方式,完全并购更受欢迎

2018 年,杭州市上市公司的并购标的以股权收购方式为主,达到了 98 家,占比为 92.45%,已完成的收购标的 32 家,占标的总数的 32.65%。其余收购资产 2 家,债权与股权同时收购 6 家,已完成的标的公司为 2 家。

　　从并购比例来看,股权收购以完全并购为主(100％股权收购比例),共有
20 起,其次是不取得控制权的轻度并购,10％股权份额以下的并购有 16 起。
从完成度来看,以获取控制权为目的的并购完成率较高,获得 50％股权份额及
以上的并购共发起 44 起,完成 20 起,完成率为 45％,特别是股权份额 90％～
100％及 100％的并购,完成率分别高达 100％和 75％。如表 6 所示。

表 6　　2018 年杭州并购交易股权份额分布　　　　　　　　单位:起

收购比例	100％	[90％,100％)	[80％,90％)	[70％,80％)	[60％,70％)	[50％,60％)	[40％,50％)	[30％,40％)	[20％,30％)	[10％,20％)	[0％,10％)
标的数量	20	2	3	2	4	13	11	4	10	13	16
完成数量	15	2	0	0	1	2	2	0	5	2	3

资料来源:Wind 数据库。

(六)并购类型以跨行业并购为主,金融业成为跨行并购新宠

　　2018 年,杭州上市公司更热衷于跨行业并购,共发生 69 起,占并购总量的
69％。其中,采掘业,批发和零售业,租赁和商务服务业,科学研究和技术服务
业,水利、环境和公共设施管理业,卫生和社会工作,文化、体育和娱乐业,综合
行业发起的均为跨行业并购,最受欢迎的跨行业并购标的属于金融业,共发生
16 起。其次为批发和零售业,制造业,信息传输、软件和信息技术服务业,分别
发生了 11 起、9 起和 8 起。如表 7 所示。

表 7　　2018 年杭州并购交易类型分布　　　　　　　　单位:起

并购方＼标的方	A	C	D	E	F	I	J	K	Q	S	G	R
B	0	1	0	0	0	0	0	0	0	0	0	0
C	3	21	3	1	10	8	7	0	1	1	0	0
E	0	0	0	2	0	0	0	0	2	0	0	0
F	0	4	0	0	0	0	0	0	0	0	0	0

标的方 并购方	A	C	D	E	F	I	J	K	Q	S	G	R
I	0	2	0	0	0	3	6	0	1	0	0	3
J	0	0	0	0	0	0	1	0	0	0	0	0
K	0	0	0	0	0	0	2	4	1	0	0	2
L	0	0	0	0	0	0	0	0	0	1	1	0
M	0	0	0	0	0	0	0	0	1	0	0	0
N	0	0	0	1	0	0	0	0	0	0	0	0
Q	0	2	0	0	1	0	1	0	0	0	0	0
R	0	0	0	0	0	0	0	0	1	0	0	0
S	0	0	0	0	0	0	0	2	0	0	0	0

资料来源:Wind 数据库。

注:行业代码参照证监会行业分类规范(A 农、林、牧、渔业;B 采掘业;C 制造业;D 电力、煤气及水的生产和供应业;E 建筑业;F 批发和零售业;G 交通运输、仓储和邮政业;H 住宿和餐饮业;I 信息传输、软件和信息技术服务业;J 金融业;K 房地产业;L 租赁和商务服务业;M 科学研究和技术服务业;N 水利、环境和公共设施管理业;O 居民服务、修理和其他服务业;P 教育;Q 卫生和社会工作;R 文化、体育和娱乐业;S 综合)

二、2018 年并购市场发展特点

(一)并购规模有所下降,三季度起有所趋暖

2018 年,受到中国经济下行、金融行业去杠杆以及中美贸易战等宏观因素影响,国内并购市场整体降温。杭州并购市场活跃性总体良好但热度趋缓,新发起与已完成的并购量价齐降。但 2018 年三季度开始,并购重组和再融资政策进入放松周期,从审核速度、可并购资产和方向、模糊地带监管和创新方案设计以及信息披露等四大维度开始松绑,包括"小额快速"并购审核机制、简化并购重组信息披露、新增快速/豁免通道产业类型以及 IPO 被否后 6 个月可重组

上市等政策。受政策因素影响,杭州并购市场下半年新发起并购数量开始增加,占到全年数量的近六成。

(二)并购进一步由资源合作型向技术合作和产业整合型转变

并购重组是资本市场优化存量资源配置的重要方式,也是加速产业升级的重要手段。2018 年,杭州并购市场中产业整合与完善产业链成为并购重组的主旋律,上市公司通过并购重组推动供给侧结构性改革,杭州本地的一些重资产、强周期产业的传统制造业上市公司借助并购重组淘汰落后产能,化解债务风险。

同时,技术创业成为杭州企业发展新动力,2018 年杭州上市公司通过并购重组深入实施创新驱动发展战略,已完成的并购重组涉及高端制造、节能环保、新能源、生物医药、医疗健康、信息技术及互联网等领域,杭州上市公司由原先的整合资源与资源合作逐渐转向产业整合以及技术创新等。例如,迪安诊断收购青岛智颖 51% 的股权,将加速"服务+产品"一体化商业模式的推进,有效落实公司"医学诊断整体化服务提供商"的平台型企业战略目标。

(三)并购交易更趋理性,大额并购事件仍频出

2018 年,虽然受市场资金持续紧张的影响,融资难、募资难成为上市公司和投资机构普遍面临的难题,但杭州上市公司大额收购事件仍然频出。收购金额大于 1 亿元的有 49 起,大于 10 亿元的有 12 起,这主要是因为证监会深入推进"放管服"改革,大幅降低并购重组制度性成本,同时杭州上市公司质量较高,各并购主体均从自身业务发展的实际需求出发寻找优质并购标的及更符合公司战略发展需要的标的行业,对于并购标的的要求不断提高,且随着市场"盲目跟风"现象有所改善,投资者趋于理性,投资质量逐步得到提升。

(四)跨境并购积极响应国家一带一路政策,不断寻求优质标的

2018 年,受国内经济下行压力增加、全球经济不稳定性上升以及国内对跨境并购的政策由严监管向引导规范发展转变,而境外欧美市场普遍加强敏感行业跨境并购审核的影响,中国境内企业跨境并购环境整体趋冷。但杭州上市公

司不畏跨境并购"寒冬",在"一带一路"区域合作持续推进的背景下,将目光转向境外市场,其中新加坡、泰国和中国香港是杭州上市公司选择跨境并购标的最热门的国家和地区。与此同时,杭州上市公司不断通过跨境并购引进高端技术,并通过纵向并购整合产业链,以实现行业内资源整合,达到规模效应。跨境并购行业集中在信息传输、软件和信息技术服务业以及医药生物等技术密集型行业。

具体来看,2018年阿里巴巴在港台以及海外的投资布局异常活跃,共发生了16起对外投资事件,主要集中在美国、印度、东南亚以及欧洲。其中,印度5起,美国3起,其他主要分布在泰国、印尼、新加坡、法国、荷兰、土耳其、瑞士等国家。从行业分布上看,海外布局主要集中在电子商务、本地生活、企业服务、金融等领域。知名投资案例有:2018年3月,阿里巴巴20亿美元增资东南亚最大B2C电商平台Lazada;2018年5月,阿里巴巴宣布全资收购南亚最大电商平台Daraz Group;2018年6月,阿里巴巴领衔向印度电商Paytm Mall投资4.45亿美元;2018年8月,阿里巴巴11亿美元领投印尼最大电商平台Tokopedia;2018年11月12日美国排名前三的电商平台Opensky并入阿里巴巴集团等。

三、工作建议

(一)加强学习并购重组监管政策,及时关注优质并购案例动态

在产业转型升级和经济持续发展的推动下,并购市场将迎来一段黄金发展时期,而与并购重组相关的政策调整又非常之大,变化非常之快,杭州上市公司应不断学习与并购及资本市场相关政策,包括证监会出台的各项监管政策;同时,及时更新并购市场上发生的新闻与动态,关注并购热点、新行业及优质的并购案例,积极用好并购这一推动公司转型升级、延伸产业链、盘活不良资产的抓手,从而促进杭州及浙江经济的不断向上向好发展。

(二)充分发挥浙江省并购联合会、白沙泉并购金融街区并购集聚力量

企业并购离不开对资源、项目、人才、机构的整合,而浙江省并购联合会、白

沙泉并购金融街区这类平台作为连接上市公司、优质项目、专业机构之间的桥梁具有不可小觑的作用。上市公司须充分利用并发挥浙江省并购联合会在建立合作网,组建"并购项目库、路演中心和融资服务为一体"的并购信息库平台,搭建一个政府、企业和专业机构之间的交流平台上的作用,以及"白沙泉中国并购指数"作为并购行业风向标的力量,帮助自身实现跨越、"跳级"发展。

(三)谨慎面对国内外并购机会,防范并购商誉减值等风险

当前,资本市场环境持续低迷,各类项目风险交织,为防范并购风险,应不断提醒上市公司谨慎面对国内外并购机会。不管是国内并购还是国外并购,杭州上市公司都必须认识到并购重组领域的复杂性和风险性,这些风险包括企业内部的战略、经营、财务风险,以及企业外部的政治、政策、环境文化和法律等风险。特别是监管层对于"高估值、高商誉、高业绩承诺"的"三高"并购监管仍旧严格,前期积累的商誉减值风险"爆雷"、并购标的业绩不达标造成的"并购后遗症"等都会影响并购市场。上市公司须提高辨识风险能力,科学、客观、全面地评估企业并购商誉减值、业绩兑现等风险,从而提高并购成功率,防范和管控好风险。

四、经典案例

(一)康盛股份收购中植一客 100%股权

2018 年 6 月,康盛股份公告称,以持有的富嘉融资租赁有限公司 75%股权与中植新能源汽车有限公司持有的烟台舒驰客车有限责任公司 51%的股权、中植一客成都汽车有限公司 100%股权进行置换,置换差额部分由上市公司以现金方式向中植新能源予以支付。经双方协商,烟台舒驰 100%股权交易作价为 10.4 亿元,中植一客 100%股权交易作价为 6 亿元,富嘉租赁 100%股权的交易作价为 14.8 亿元。置换交易差额对价为 2040 万元。

标的资产烟台舒驰和中植一客主要从事新能源商用车,包括新能源纯电动客车及新能源纯电动厢式运输车的研发、生产及销售业务。公开资料显示,中植一客旗下全资子公司中植淳安拥有国内仅有的四张氢燃料客车生产牌照之一。通过本次并购,标的公司烟台舒驰及中植一客成为上市公司的子公司,康盛股份将进入新能源汽车整车生产制造领域,实现上市公司新能源汽车零部件板块业务的下游延伸,从而切入新能源汽车终端产品市场,成为以"资本＋技术＋整合"助推杭州地区新能源产业发展的典型。

（二）华东医药收购 Sinclair100％股权

2018 年 8 月,华东医药公告称,将通过现金要约方式收购 Sinclair 全部股份,现金要约价 32 便士/股,交易总额约为 1.69 亿英镑(约合人民币 14.9 亿元)。此外,华东医药对 Sinclair 高管团队推出一份长达 6 年(2018—2023)、奖金总额最高可达 2500 万英镑的高管团队激励奖金计划。

Sinclair 是一家专注医美产品领域的专业化公司,核心产品包括美容线、长效微球、玻尿酸等,通过产品差异化产品组合,创造品牌影响力已覆盖全球 50多个国家和地区。华东宁波医药为国内医美产品销售领域领先企业,市场营销能力及行业地位突出,通过并购 Sinclair,一方面公司有望进一步丰富医美领域产品线,和子公司华东宁波代理的玻尿酸产品"伊婉"产生协同,进一步巩固在国内医美领域的优势,加强医美业务实力;另一方面,本次并购推进了公司的国际化战略,协助公司在全球范围内的技术布局、合作与推广,打造一个国际化医美平台。

（三）嘉凯城收购明星时代影院和艾美影院各 100％股权和债权

2018 年 8 月,嘉凯城公告称,公司全资子公司嘉凯城(上海)互联网科技有限公司,以股权＋债权的协议收购方式,收购北京明星时代影院投资有限公司和艾美(北京)影院投资有限公司 100％股权。其中,股权对价款项 2.72 亿元,债权安排款项 3.23 亿元,共计 5.95 亿元。本次收购是嘉凯城继续坚持响应国家"去库存、防风险"的调控目标,加快低效资产处置,改善财务结构,积极培育第二主业。通过本次收购,嘉凯城将获得电影发行经营许可证,进入前景良好的院线行业。同时,本次收购有利于提升明星时代影院和艾美影院的管理能力,有望提升明星时代影院、艾美影院和公司的整体盈利能力。

金融小镇篇

2018 年玉皇山南基金小镇发展报告

玉皇山南基金小镇管委会

2018 年以来,玉皇山南基金小镇围绕"专业化、国际化、市场化"方向,以省市钱塘江金融港湾战略、"凤凰行动"计划和拥江发展战略为指引,通过空间拓展、金融生态圈建设、品牌深化、党建创新等举措,积极打造小镇 2.0 版本。截至 2018 年末,小镇累计入驻金融机构 2805 家,总资产管理规模 11200 亿,实现税收 22.88 亿元,投向实体经济项目共 1418 个,资本金额累计 3800 亿元,其中投向浙江省 1473 亿元,项目数 527 个,成功扶持培育 112 家公司上市,获评"浙江省五一劳动奖状"。小镇 2.0 版本框架已形成。

一、2018 年工作总结

(一)招强引优,产业结构进一步优化

1. 抓增量

在今年宏观经济形势和金融风险爆发的双重压力下,小镇以"大企业""大集团"为核心,积极招大引强,共吸引包括省二轻集团旗下的省艺创投资、省交投旗下的浙商金控、北京中冶集团旗下的中冶银信资管等在内的 421 家企业入驻。

2. 提实效

在招大引强思路带动下,大企业的税收效应显现,纳税前 20 位企业税收 17.18 亿元,占小镇税收总额的 80%。永安国富、财通证券等企业税收上亿元。安丰创投、赛智资本、科发资本和华瓯创投等 4 家小镇入驻企业荣获"2018 浙江优秀创业投资机构十强"荣誉称号。

3.优结构

以亩均效益为导向,优化板块结构,股权投资板块、期货投资板块、财富管理板块和金融服务板块的税收贡献比例为 4：3：2：2。股权投资类企业数量占比达 70%,服务实体经济能力进一步增强。

(二)规划引领,空间拓展进一步推进

1.优化布局

委托省城乡规划设计院编制《玉皇山南基金小镇发展 2.0 版规划》,结合景区总规修编和拥江发展战略规划,进一步提升和优化小镇空间布局。

2.推进项目

完成塘北地块覆绿工程、复兴路沿线立面整治提升工程等 9 个项目。施家山农居点六、七组团建筑结顶。旅游品市场地块通过"三委四局"立项审查。三角地仓库地块完成图斑违规处理程序和地下室抗浮施工,地下室挡墙及顶板覆土工程启动。尼龙山地块搬迁收购启动,进行现状整治修缮和利用。

3.统筹资金

加强资金内部控制,提升对已付工程款和工程进度的把控管理,提高资金使用效益。全年各项收入合计约 3.57 亿元,各项资金支出合计约 4 亿元,目前账面资金余额 14.385 亿元。

(三)搭建平台,专业服务进一步深化

1."金融小镇浙江行"深入推进

今年与磐安江南药镇、浦江水晶小镇签署合作备忘录,达成项目合作意向 6 个。走出浙江,与江西上饶商会、上海闵行区华漕镇签订战略合作协议,实现"金融小镇全国行"。

2.资本与项目对接提质扩面

举办"山南论道""山南论剑""山南论法"等活动 38 场,参会企业 1027 家,总人数 3866 人,现场签约赛伯乐投资微医集团、凯泰资本投资君嘉集团 2 个项目。微信公众号"项目路演"模块 4 月上线,有 8 个项目通过线下路演与超过 40 家省内优质股权投资机构建立联系。目前已收集 200 余个有融资需求的项

目入库,与区电子机械功能区、杭州市生产力促进中心、江苏银行杭州分行等机构建立合作关系,逐步充实项目池。

3. 服务配套持续优化

5 月小镇正式被评为国家 4A 级旅游景区,成为全国首个特色小镇类的 4A 旅游景区。优化邵逸夫国际医疗中心 VIP 服务,为小镇人才提供各类医疗服务 132 人次。

(四)资源整合,品牌影响进一步扩大

1. 行业地位提升

成功举办第四届全球私募基金西湖峰会,中基协再次作为主办方并深度参与办会过程,峰会的权威性、指导性和嘉宾重量级进一步提升。根据几次办会经验,制定西湖峰会标准化流程,为今后峰会举办提供山南模板。

2. 国际化程度提高

举办"西湖—日内瓦湖"金融与科技创新论坛。在英国伦敦举办"一带一路"中英投资伦敦论坛,现场签约 2.9 亿欧元西班牙天然气项目,该项目成为习总书记访问西班牙的考察点。受美国格林威治市政府邀请作为创始发起机构之一参与 2018 首届格林威治经济论坛。与英国华人金融家协会签订战略合作备忘录,与德国侨商会签约成立"玉皇山南基金小镇法兰克福办事处"。

3. 影响力增强

今年有中共十九届中央政治局常委、十三届全国人大常委会委员长栗战书及全国政协副主席马培华等党和国家领导人莅临小镇指导。小镇共接待来自全国各地的参观学习批次 874 次,总人数 16958 人,先后被各类媒体报道 100 余次,其中中新社等国家级媒体报道共 30 余次。

(五)严守底线,风险防控进一步深入

1. 全面排查

对已入驻企业进行分类梳理,全面完成已入驻企业排查,共涉及发行基金产品 376 个、资管规模 618 亿元,均已在中基协备案,对应投资者 3079 个,其中机构投资者 531 家,合格投资者 2548 人,未发现有不合规行为。同时加强低效

企业"腾笼换鸟"力度,清理"僵尸"企业和潜在风险企业 21 家。

2.源头防范

严把市场准入关,明确入驻企业的入驻门槛,严格审查股东身份,从源头上把控金融风险,拒绝未达门槛或股东身份存疑企业 90 余家。

3.完善平台

联合区金融办、统计局等部门完善小镇信息系统数据,已填报企业 995 家,涉及管理资金规模 7109 亿元,覆盖 40% 企业。依托该平台,小镇将逐步建立入驻企业分类管理体系和金融风险防控预警体系。

4.合规引导

加强金融监管与引导,要求私募基金管理人及其产品及时在中基协登记备案。强化宣传教育,邀请中基协等专业人士参与,举办私募机构合规自查体系培训、私募合规展业研讨会等 10 余场活动。金融法庭建设有序推进,为小镇金融风险防控再添新保障。

(六)创新探索,党建引领进一步强化

按照"党建强、产业强"双强融合发展目标,构建小镇党建综合体,探索大党建发展模式。小镇相继建立党组织 38 个(单建党支部 36 个,联建 2 个),服务在册党员 567 名,覆盖企业 189 家,并通过红色联盟形式,组织 51 个党组织关系在小镇外部的企业成为小镇党委的"红色联盟"单位,为小镇发展提供强有力的组织保障。

1.整合资源,集群服务

整合行政服务分中心、出入境管理服务站等资源,打造集党务、政务、商务为一体,总面积达 3000 多平方米的"一站式"党群人才服务中心,建立全科型"红色代办员"队伍,提供"窗口代办、上门帮办"服务。

2.搭建平台,智慧服务

建立"项目化+轮值制"的开放式主题党日活动方式,运用"支部+社团"的方式把党员和青年群体凝聚在党组织周围。党群人才服务中心全年累计组织开展各类活动 400 场,参加活动企业党员职工达 16000 余人次。

3.引才聚才,精准服务

发挥党管人才优势,积极构建"政策引才、市场聚才、业以广才、服务留才"

的金融人才服务体系,大力推进国家级众创空间、浙江省高校科技成果转化基地、"海归驿站"等高层次人才服务项目落地。成立"玉皇山南金融学院董秘班",首期开班学员 30 余人,为拟上市公司培养输送专业高层管理人才。与小镇企业、浙江大学等高等院校合作,成功举办"浙大敦和投资精英班""千里马培养计划"等项目,建立专业人才培养输送平台。定期开展"进企业、访业主、解难题"活动,为企业和人才提供"一站式、全程化"的政策支持和精准服务。

二、2019 年工作思路

2019 年是十三五规划的关键之年,也是小镇深入打造 2.0 版本的攻坚之年。小镇积极贯彻市委"六大行动","三纵三横"加快实施,打通拥江发展战略节点,"五大体系"齐头并进,打造产业发展环境氛围。2019 年以高质量发展为目标,主动融入拥江发展,推进三化融合,坚持文化保护,深化体制改革,注重民生改善,强化党建引领,总资产管理规模稳定在万亿,累计培育上市企业 120家,具有全球化投资能力的基金公司 5 家,税收增幅 10% 以上,重点抓好六个关键。

(一)优化空间布局,融入拥江发展

结合省市钱塘江金融港湾战略,充分发挥小镇先发优势和辐射作用,助力新金融生态圈建设。完成《玉皇山南基金小镇发展 2.0 版规划》编制。全方位融入拥江发展战略,加快布局以 4 公里(基金小镇段)黄金江岸线的地下空间统一开发利用,实现环八卦田片区产业空间拓展,重点攻坚施家山、三角地等项目,预计全年新开工施家山农居地块城中村整治工程、尼龙山地块整治工程等项目 7 个,竣工引九路市政道路提升工程等项目 6 个,实施三角地仓库地块等前期项目 12 个,竣工面积约 1 万平方米。

(二)提升服务能力,促进三化融合

以数字经济"一号工程"为指引,积极搭建资本与产业对接平台,引导小镇股权投资类企业投向互联网、大数据、人工智能等领域,推动数字经济与实体经

济融合。打造"募、投、管、退"完整金融生态圈,为数字经济发展"输血"。在募资端,整合银行、保险、央企、国企、上市公司等市场力量,设立引导性母基金。力争 2019 年统筹各类资金提供方 30 家以上,整合项目资源 200 个以上。在投资端,围绕"三化融合",结合"金融小镇浙江行"活动,开展线上线下路演,与 20 个高质量"双创小镇"、产业小镇等项目集聚区建立互通渠道,力争小镇企业累计投向实体经济金额超 4500 亿,投资项目超 1600 个,扶持上市公司 120 家。在管理端,深化"董秘学院"项目运行,与浙商杂志合作"浙商·玉皇山南基金小镇金融高级研修班",搭建人才培育平台。在退出端,支持深圳证券交易所在小镇设立路演中心,与港交所建立沟通联络机制,提升小镇企业所投资项目上市效率。

(三)注重文化保护,提升品牌影响

融入创建省全域旅游示范区行动计划,完善旅游环境和功能,完成小镇 4A 景区复核,健全小镇旅游咨询中心功能,做好景观质量评价。积极举办"山南系列论坛""合格投资者培训班""小镇沙龙"等多种形式活动,2019 年组织活动不少于 100 场,培训人员不少于 3000 人次。持续扩大"全球私募基金西湖峰会"品牌影响力,建立与格林威治、伦敦、法兰克福三大代表处的常态化联系机制,逐步加强双方合作的广度和深度。加强与中基协国际部的交流合作,争取引进外资投资机构会议等专业化国际性交流会议活动。深耕"山南"品牌,鼓励山南企业"走出去引进来",联合敦和资管、山南对冲等小镇企业,主动对接海外知名投资机构,2019 年力争吸引国际背景的基金投资公司 2 家。鼓励小镇企业走出去,积极参加国际交流,参与海外投资布局,组织或鼓励不少于 5 家小镇企业到海外参加交流推介活动,投资海外项目不少于 20 个。做大做强浙江慈善联合总会基金小镇分会,牵头组织公益服务,引导企业承担社会责任。

(四)深化体制改革,助力高效运转

进一步理顺管委会与两家国企权限,完善管理结构,探索企业资产整合注入改革方案,在人事任命上明确国企中层及以上人员由管委会负责,其他人员招聘权限下放,进一步激活国企改革创新活力。区分管理和市场化运营,推动

建设公司、经营公司主体化运营,管委会牵头履行监管职责,探索建立低效企业退出机制,2019年预计清退"僵尸"企业30家。加强与中基协和行业监管部门之间的联系,建立有效沟通机制,密切关注中基协与地方金融监管局备案权限设置情况,探索为小镇企业做好备案前审,提高小镇企业在中基协的登记备案率,2019年所有涉及对外募资的小镇机构登记率达到100%。提升小镇机构信息统计系统上线率,2019年小镇所有机构信息上线,优化统计系统功能,完善信息监管体系。实现金融法庭实体化运作。

(五)坚持以民为本,推动民生改善

加强南宋皇城遗址综合保护,坚持"控制、整治、保护"有机结合,做好支小路整治,继续推进馒头山区块民生改善工作。以服务民生为导向,进一步优化小镇服务配套,引入英迪格酒店高端服务,完成目术塘3号楼人才公寓建设,推进邵逸夫国际医疗中心完善功能,加大山南教育集团扶持力度,着力开展产学研合作,建立及深化与大连商品交易所、浙江省金融研究院、浙商杂志等机构合作。提高小镇物业管理服务水平和质量,建立物业服务中心和应急指挥中心。打造小镇优美环境,提升小镇企业和周边居民满意度和获得感。

(六)夯实党建基础,发挥引领作用

紧扣浙江省特色小镇和两新工作党建任务,按照"聚心、聚力、聚财、聚智"发展路径,打造"线上+线下"党建服务平台。打造区域化大党建综合体,通过支部书记例会制、党建轮值制等,打造小镇红色集群,加快推进小镇党建"双覆盖"。坚持"区域统筹"理念,通过"党建+"模式,充分发挥小镇党群人才服务中心核心阵地作用。优化人才政策,加大行业领军型人才和海外高层次人才引进力度,深化杰出人才、突出贡献人才评比,完善优化人才政策和服务体系,充分发挥顶尖人才的引领和向心力作用,努力打造金融人才集聚高地。加快打造清风小镇,联合多部门开展金融风险防范工作。

2018 年运河财富小镇发展报告

运河财富小镇管委会

2018 年，运河财富小镇围绕浙江省特色小镇建设的各项工作部署，全面推进小镇创建。

一、2018 年重点工作

（一）产业指标方面

2018 年引进金融企业 154 家，其中注册资金 5000 万以上的 5 家，运河天使基金 3 个合作项目落地，累计入驻金融企业 390 家，其中持牌金融机构 61 家，全年实现常规税收 5.27 亿元，营业收入 75 亿元。

（二）产业投资方面

全年完成产业投资 7.13 亿元，其中特色产业投资 6.62 亿元，投资占比 92.79％；民间投资 5.65 亿元，投资占比 79.18％。绿地中央广场二期交付投用；凯宾斯基酒店室内装修，胜利河旅游综合体主体结顶，运河文化发布中心主体施工，3 个项目 2019 年均可交付；英蓝国际金融中心、金诚之星地下室施工。

（三）创建迎检方面

一是完成省、市考核台账上报工作。二是完善小镇企业扶持政策兑现机制，完成 2017 年扶持政策兑现，共计补助 3 家企业 73.36 万元。三是加强拟入驻金融企业的风控审查力度，配合区金融企业联审工作。四是发布《运河财富小镇"区域环评＋环境标准"改革实施方案》。五是推进党群服务中心、十大平台展示中心扫尾建设,落实区域内"最多跑一次"改革。六是 3A 景区创建完成市旅委现场初验,目前正在整改。

(四)活动宣传方面

2018 年小镇成功举办杭州党员财税直通车进驻运河财富小镇活动、杭商·国际另类投资暨财富管理峰会等 6 项活动,累计参与人数 1000 余人;接待各级领导、企业 30 余批次;在《浙江日报》、浙江在线、《杭州日报》等市级(含)以上媒体刊登报道 12 次。

二、2019 年工作思路

(一)工作目标

深度融入钱塘江金融港湾建设,计划 2019 年新引进特色产业企业 20 家,其中龙头企业 1 家,全年实现产业投资 3 亿元,常规税收 4 亿元,营业收入 60 亿元,运河财富小镇在全省金融类小镇发展中名列前茅。

(二)主要举措

1.精准产业功能定位

现整体目标定位为:紧密对接浙江省打造钱塘江金融港湾、国际新金融服务枢纽、杭州市财富管理和新金融创新中心、国际金融科技中心的建设契机,力争经过 3~5 年,发展成在浙江省具有代表性地位的普惠金融(持牌机构)聚集地、投融资(双创)资金汇集地、金融科技创新展示地,成为浙江省商务花园型金融特色小镇。下一步管委会拟请专业机构出具市场化程度较高的研究报告,细分金融目标领域,梳理潜在招商客户,完善金融产业生态链。

2.瞄准重大项目招引

围绕小镇产业定位,在招大引强上全面发力。

一是在传统金融机构引进上发力。服务好中大期货迁址落实(已与远洋签订租房协议)、远洋国际中心 B 座整体运营(美国黑石基金资产板块),跟踪好招商银行浙江信用卡部落户（初步确定落户远洋国际中心，准备申报省公司）、杭钢半山基地管委会产业项目（已多次对接，梳理需求与资源，寻求后续合作）。

二是在产业引导基金上发力。全力推进永展医药脑科学产业基金、浙创同望产业基金等项目；对接浙江省金控投资管理集团，力争设立特色小镇政府引导产业基金；接洽杭钢转型升级基金、杭钢供应链金融合作。

三是在特色产业地块招商上发力。小镇核心区内剩余国美电器、国税大楼2 宗商业用地，积极招引优质企业拿地，建立区域性企业总部。八丈井、沈塘湾2 宗留用地，引进专业金融机构负责项目运营管理。

四是在高端人才引进上发力。用好"才汇运河"品牌，加强与名校名会、大院大所、行业中介、高端猎头的沟通联系，定期举办产业发展论坛、讲座、展会等活动，持续拓展引才平台。

3. 办好产业主题活动

按照季季有主题、月月有活动原则，制定 2019 年产业活动计划。

一是锁定大活动，用好金博会金名片。依托运河文化发布中心、小镇客厅等载体，谋划好行业峰会、高端论坛等具有行业影响力的重大活动，年度举办两次专业活动，计划 6 月举办"才汇运河"菁英论坛暨人才招聘会，11 月举办浙江省金融博览会（浙江省钱塘江金融港湾高峰论坛分会场）。

二是推出"运河会客厅"专题。联合区委组织部、浙江经视共同打造月度宣传专题栏目——"运河会客厅"，专访拱墅区及小镇精英企业、人才，依托浙江经视人脉资源，积极引进浙商、青年企业家、创业人才落户拱墅。

三是完善小镇自主品牌。发挥"党建红五联""运河金桥""金融财富联盟"等品牌效应，定期开展资本对接、项目路演、沙龙论坛、人才培训等活动。

4. 强化专业运营管理

让专业的人做专业的事，依托行业领军企业、专业中介机构，全面提升招商引资、人才引进、项目对接、企业服务、媒体宣传、活动策划等运营服务水平。

一是搭建产业互动平台。成立小镇金融财富联盟，集合小镇内现有银行、保险、证券和规模金融企业，通过设立轮值主席单位，制定联盟章程，群策群力打造小镇金融财富产业生态链。

二是搭建专业运营平台。对接省投融资协会、德勤、财通证券、微链、菜根等专业化运营机构,从招大引强、活动合作、产业布局等方面谋求合作。

三是搭建联合招商平台。与区投促局、区楼宇办、属地街道、远洋、绿地、万通、天安等招商团队合作,全面掌握楼宇物业动态,推进小镇核心板块重点楼宇招商。

2018 年西溪谷互联网金融小镇发展报告

西溪谷建设发展管委会

2018 年以来,西溪谷互联网金融小镇紧紧围绕区委九届三次、四次全会精神,想明白,干到底,以打造国内一流的互联网金融产业示范区为目标,推进征迁建设,努力提升小镇环境;加快招商引资,打造产业生态,切实推进互联网金融小镇的全面提升发展。

一、2018 年工作进展情况

(一)拆迁征地工作取得突破

2018 年,我们完成了海聚电器、天堂伞厂两个项目 178 亩土地的征迁谈判,推动了航天通信等地块共 78 亩土地征迁谈判;完成花坞果园、园林汽修、报先坞、大宅院等 5 宗、136 亩用地的出让手续办理,以及古科园 3 号地块 36.15 亩土地出让,为小镇发展拓展了空间。

(二)楼宇建设再取新绩

小镇积极推进重点项目建设,做好支持服务,确保项目按期投入使用。11月珀莱雅总部项目 7 万方楼宇投入使用,12 月西溪金谷 4 万方楼宇将投入使用,累计新建楼宇面积达到了 120 万方。同时,网商银行、银都新座、慧展科技等 8 个在建项目 100 万方楼宇按期推进,为后续招商提供了保障。

(三)西溪路整治提升收尾

3 月,西溪路(古墩路—杨梅山路 4.5 公里)整治提升工程全线完成;6 月,西溪路（玉古路—古墩路 2.1 公里）整治提升工程完成；12 月，西溪路沿线立面整治工程和杨梅山路以西段绿化提升工程将完工。同时，在留下街道、西湖城投的努力下，留下小城镇改造，报先路、紫荆花支路等支小路建设取得推进，使西溪路沿线面貌焕然一新，极大地提升了小镇交通条件和产业发展支撑能力。目前，西溪路正在开展省级"精品示范道路"创建工作。

（四）核心业态集聚度逐步提升

2018 年，小镇累计新增企业 170 家，其中以区块链为主的金融科技类企业新增 31 家，阿里系企业新增 7 家；浙商创投总部大楼和桃源坞基金小坞投入运营，新增投资管理公司 50 家，新增基金管理规模 300 亿元。1—12 月，小镇财政总收入达到了 35 亿元。

（五）小镇产业生态初步形成

小镇内集聚了省金促会、市互联网金融协会、省市区块链协会，形成共引企业、共抓监管、共造氛围的工作机制。同时，我们与赛伯乐集团打造了每周一期的产融对接会，挖掘优质项目，提供资金扶持；在浙大科技园打造创业创新论坛，为初创企业提供辅导和帮助；在西溪新座打造政策宣讲会，每月邀请律师、会计、银行等机构以及工商、税务等职能部门进行政策宣讲，力争形成小镇创新创业、孵化加速的产业生态系统。

（六）成功纳入省级特色小镇创建名单

在区委、区政府主要领导、分管领导的多次协调沟通下，西溪谷互联网金融小镇环境优化、固定资产投资、特色产业发展得到了省市发改委和金融办的认可。2018 年 9 月，小镇成功纳入省级特色小镇创建名单。

二、2019 年工作思路

2018 年，西溪谷互联网金融小镇建设取得了一定的成绩，但离小镇创建命名和定位目标尚存较大距离。下一步，我们将根据小镇命名工作要求和区域发展实际,补短板,抓产业,强基础,优环境,为小镇正式命名做好全面准备,使小镇真正成为区域社会经济发展的推进器。2019 年,重点做好以下四个方面工作。

(一)抓创建,补短板

根据省级特色小镇创建命名的要求,我们将加快景区创建、客厅建设和特色峰会打造。

一是完成景区创建。作为小镇命名的必备条件之一,我们计划 2019 年 4 月启动导视系统的设计招标工作,12 月底前完成建设;同时,健全小镇内桃源坞基金小坞、沿山慢行道等平台、景点的停车系统,确保 2020 年 6 月底前完成 4A 级旅游景区创建。

二是完成客厅建设。目前,小镇城市客厅已完成招标,正在启动加固和装饰工程。项目主要由国内知名的展厅设计施工单位丝路视觉负责。我们计划 2019 年 4 月全面建成小镇城市客厅,并整合浙大科技园服务平台、属地街道的力量,打造集旅游服务、招商服务、宣传展示和信息交流为一体的综合性服务平台,并实现小镇内部信息共享、资源共享和产融对接。

三是树立小镇品牌。结合小镇 4A 级旅游景区打造以及西溪路沿线的立面整治改造,健全小镇标志标识;要通过知名期刊、重要论坛、关键场所,做好小镇的宣传;围绕产业发展目标,依托小镇内行业协会、龙头企业和各平台运营主体,整合资源,打造小镇产业发展联盟和有全国影响力的金融科技峰会,树立"西溪谷互联网金融小镇"品牌形象,进一步营造发展氛围。

(二)抓特色,聚产业

以互联网金融、金融科技基础设施和创业风险投资三大业态为主,抓好招商,强化服务,通过外引内育,进一步做大做强产业特色。

一是打好招商牌。2019 年,小镇累计有花坞果园、园林苗圃、报先坞、园林汽修、爱知车辆厂、大宅院等 8 宗地块 217 亩土地具备出让条件。我们将以北京、上海、深圳等城市为重点,开展定向招商,上门招商,力争引进"视觉中国"等龙头项目,树立区域发展的新标杆。

二是打好优商牌。我们将抓好营商环境,全力打造区块链产业园、浙大科技园智能制造专业众创空间等平台,加快金融科技和智能制造类企业的孵化培育,要实现引进 5 家重点区块链企业、培育 5 家科技研发企业;进一步抓好桃源坞基金小坞和浙商创投基金产业园建设,实现两年内小镇基金管理规模新增 1000 亿元,累计超 1500 亿元;做好元通汽车产业园打造,力争 2019 年启用,年营业额超 50 亿元。

三是打好亲商牌。坚持进得来、留得住的思想,与属地街道协调合作,建立园区项目联系责任制,通过分片服务、包干包办等形式,形成合力招商、共同服务的工作机制,要为孵化项目解决场地问题,要为培育项目解决融资问题,提升小镇对企业的吸引力和凝聚力。

(三)抓提升,优环境

西溪路整治提升工程的完成,使小镇环境得到了极大的优化,为小镇创建奠定了坚实的基础。下一步,我们将通过交通提升和商业健全,进一步优化小镇产业发展环境。

一是完善交通网络。加快小镇内 20 多条支小路建设,加快研究西溪路浙大科技园区域西溪路两侧的天桥和地下隧道通行问题,提升小镇核心区内部交通和道路两侧交通的便利性。同时配合做好天目山路快速路、地铁三号线等重点建设项目,实现小镇交通条件的全面提升。

二是抓好楼宇建设。加强协调服务,破解困难问题,加快在建项目进度,提升楼宇资源。重点确保 2019 年网商银行 32 万方楼宇、银都新座 4 万方楼宇建成并投入使用;2020 年慧展科技 22.7 万方楼宇建成并投入使用;2021 年捷木股权投资 7.2 万方楼宇建成并投入使用。

三是完善综合配套。通过浙商创投、珀莱雅等楼宇底商和江南布衣商业街等打造,实现区域住宿、餐饮、会务、会展、购物等商业配套的健全。

(四)抓党建,强服务

发挥党建引领作用,加强群团工作力度,营造有朝气、有活力、有担当的创业氛围。

一是发挥党建引领作用。加强与蚂蚁金服等龙头企业党组织合作共建，做好"互联网金融＋"党建品牌建设，打造"互联网＋"特色党组织，在众创空间建成党建示范点、党建服务中心和展示中心，为小镇党组织和党员活动提供场地设备、策划指导等支持，发挥党建在小镇互联网产业发展过程中的引领作用。

二是健全群团组织建设。以党组织为引领，完善小镇工青妇组织架构和人员力量，结合小镇小微企业多、青年员工多的实际，在职工保障、职业规划、青年交友、妇女保护等方面为小镇企业、员工提供服务，营造努力拼搏、快乐创业的氛围。

三是提升队伍能力水平。以西溪谷互联网金融小镇产业发展为导向，采取老中青结合、多岗锻炼等手段，打造一支主动作为、勇于担当、服务意识强、专业技术水平高的产业人才队伍，实现西溪谷以征迁建设为主向产业打造和管理服务的转变。

2018 年湘湖金融小镇发展报告

湘湖管委会

为推进萧山产业转型升级,加快发展新兴产业,2015 年萧山区委、区政府积极响应全省规划建设省级特色小镇的号召,在湘湖国家旅游度假区规划建设湘湖金融小镇,重点布局上市公司投融资总部、大型企业直投机构、产业基金和私募基金,打造全国第一流的生态型金融特色产业集聚区。2016 年省委、省政府发布《钱塘江金融港湾发展规划》,湘湖金融小镇被列入重点发展类小镇,成为"钱江私募基金走廊"和"钱江新金融众创空间"重要节点。2017 年 9 月,湘湖金融小镇被列入第三批省级特色创建类小镇。

一、工作推进情况

(一)规划建设情况

湘湖金融小镇位于萧山区湘湖国家旅游度假区,规划面积 3.31 平方公里,特色产业总建筑面积 38 万平方米,按照"小镇＋产业＋文化＋旅游＋社区"功能特点打造,投资总额约 37 亿元,现已投入 27 亿元,特色产业投资比例达 70％以上。自 2015 年规划建设起,陆续完成了小镇规划布局、业态定位、产业核心区建设、区域性环评等工作。同时根据省级特色小镇创建要求,湘湖金融小镇打造了"最多跑一次"服务试点,并按 4A 级景区要求抓好小镇相关配套设施建设,完成了小镇客厅、VI 系统、景观提升、公共空间装修等一系列工作,为小镇的创业创新规划奠定了基础。

(二)产业集聚情况

湘湖金融小镇以"金融＋产业"为核心定位,以"产业金融"为核心业态,积极打造创业创新产业链。截至 2018 年底,共计引进以鼎晖投资、红杉资本、浙商创投等为代表的资产管理、股权投资、创业投资、产业基金等 700 多家,总注册资本达到 630 多亿元,管理基金数量 502 支,管理规模超过 3200 亿元。浙商创投与萧山区产业基金合作成立"凤凰行动"的凤凰一号专项基金落户金融小镇,首期基金规模 250.1 亿且全部到位。同时落户了浙大互联网金融分院在职研究生培训总部以及双创基地,引入了时代浙商金融学院,引入《杭商》杂志社与杭州电视台联办的"杭州湾会客厅",搭建了创新创业高端人才导入的"三大平台"。萧山区政府于 2019 年 2 月出台了《关于加快金融产业发展的政策意见》,在原〔2016〕92 号文的基础上对政策进行了修订调整,使金融企业获得了更好的政策扶持。

(三)"三生"融合情况

湘湖金融小镇积极促进"生产、生活、生态"等元素在小镇内互相融合,打造私募金融核心业态,共同发展辅助性业态,在提升小镇景观、完善小镇核心区形象的同时,构建了小镇金融生态系统,实现"办事不出小镇"。以小镇会客厅作为小镇对外展示窗口,辅以旅游咨询、商贸服务等七大功能。小镇办事服务中心已经投入使用,设立"最多跑一次"窗口,为小镇企业提供商事服务,为小镇居民提供便民服务。总面积约 2.9 万平方米的慢生活街区签约商户已经超过 30 余家,目前已开业及装修中的商家已过半,业态涵盖了民宿、轻酒吧、特色餐饮、咖啡吧、茶吧、书吧等。设立了小镇金融服务联盟,在业务端赋能企业创新发展。与合作伙伴共同举办了"全国绿色产业与金融创新基地现场会""香港上市培训会""第二届中国数字金融与互联网金融高峰论坛"等论坛活动,有效营造了小镇创新创业氛围,提升了小镇生产生活活力。

二、下一步工作计划

根据钱塘江金融港湾打造的总体部署,结合金融小镇发展目标,主要抓好以下几项工作。

(一)创新发展理念,打造湾区金融发展新引擎

积极思考国际化招商运作模式,组建湘湖金融小镇—苏黎世小镇的两镇对话平台。通过国际交流,提升小镇国际视野,导入国际金融资源。并对标瑞士苏黎世小镇,在做强私募金融主业的同时,继续做优做足文化、旅游、生态和配套,提升金融人才集聚效益。

(二)营造发展优势,激发萧山产业发展新活力

在小镇内部产业生态体系初步建立的基础上,思考如何进一步突出小镇品牌影响力,进一步提升小镇核心竞争力,进一步增强金融服务实体推动力。对小镇内楼宇主题和功能进行梳理和定位,并开辟"投后企业加速器",同时完善小镇金融产业链,打造多个创业创新基地,用金融产业促进孵化创新发展。

(三)增强发展活力,树立金融小镇发展创新形象

快速集聚金融人才,营造金融文化和创新创业氛围,完善小镇平台搭建,强化小镇服务联盟服务功能,将服务下沉至企业业务端进行赋能,营造业务合作、开放共享的氛围。搭建小镇投融资对接平台,对标学习优秀金融小镇的成功经验,形成湘湖金融小镇投融资对接平台方案。

三、存在的瓶颈制约

金融企业注册暂停。自2017年底小镇正式运营以来,湘湖金融小镇正处于产业集聚的关键时期,然而自2018年8月以来,受金融风险排查影响,造成类金融企业无法迁入和注册,导致湘湖金融小镇发展遇到较大瓶颈,在谈的大量重点项目流失。目前股权投资企业的联审也已暂停,而且私募证券类企业以及融资租赁等金融类公司依旧无法注册。企业无法入驻,使得金融小镇在考核数据中增长停滞。

交通出行待提高。小镇位于湘湖风景区,在引入创新创业高端人才时,通勤要素解决困难,员工上下班不够便利。

2018 年黄公望金融小镇发展报告

黄公望金融小镇办公室

华融黄公望金融小镇是根据浙江省钱塘江金融港湾总体规划建设要求,依托富阳黄公望区块独特自然环境和高端配套优势,吸引和推动私募股权投资基金集聚发展的金融小镇。2018 年,在省、市政府及区委、区政府的大力支持下,小镇的各项工作有序推进。

一、2018 年以来小镇创建情况

(一)项目建设推进情况

黄公望小镇核心区块建设分金融办公集聚区、钱塘江金融研修院、村庄改造及室外道路、高压线迁改等配套工程四个项目推进。金融办公集聚区项目总用地面积 162 亩,总建筑面积 7.1 万平方米,目前该项目已完成方案设计、征地拆迁、土地预审及可研批复等前期工作,正在申报农转用指标。钱塘江金融研修院项目总用地面积 103 亩,总建筑面积 2.7 万平方米,目前该项目已完成征地拆迁工作,正在开展项目前期及土地出让等工作。村庄改造项目已完成规划设计方案和实施方案,并通过了区委、区政府审定。配套道路工程已完成项目招投标工作,即将开工建设。

(二)招商引资落地情况

截至 2018 年底,黄公望金融小镇新增基金和基金管理公司 291 家,注册规模 620 亿元。其中,基金管理公司 90 家,注册规模 46 亿,基金(合伙企业)201 家,注册规模 574 亿元,累计注册基金和基金管理公司 1081 家,注册规模 4858

亿元。2018 年小镇完成税收 2.35 亿元,政策兑现资金 5433 万元,其中预兑现 1700 万元。

(三)大型活动举办情况

2018 年小镇成功举办浙台合作周黄公望产业金融峰会。活动共邀请了海峡两岸嘉宾 130 人,中科院院士褚君浩、安信证券首席经济学家高善文、原台湾证券交易所董事长薛琦等知名专家学者在峰会上作了主题演讲。在本次峰会上,黄公望金融小镇进行了相关推介。

(四)引进机构风险防控情况

一是建立风险防控标准化问答流程。小镇在招商引资过程中,深入了解入驻机构的股东结构、资金来源、运作模式、投资方向等基本信息,综合研判入驻基金的风险程度;二是加强后续监管,通过与银行、经侦、金融办等单位合作,对私募股权投资机构的资金流向、投资行为进行监控。目前,小镇未发生相关金融风险案件。

二、2019 年工作思路

(一)加快项目建设,进一步提升小镇整体形象

一是进一步完善小镇启动区块配套设施,吸引优质基金公司实际入驻办公,提升小镇人气;二是加快小镇核心区块项目前期工作,争取 2019 年启动核心区块项目建设;三是继续加强与浙江钱塘江金融研修院对接,尽快完成项目审批和土地出让工作。

(二)强化招商引资,进一步提升小镇基金总量

一是继续加强与国有企业、上市公司、大型私募基金的对接,吸引更多知名机构入驻小镇。在华融资产支持下,力争 2019 年累计完成基金管理规模 5500 亿元。二是组建产业引导基金,与小镇现有或引进的基金公司合作,利用基金

资源引进或者培育产业项目,改善我区产业结构。三是加强产业链招商,充分利用小镇基金资源,吸引基金投资的产业项目落户我区。

(三)完善服务体系,进一步提升管理服务水平

一是在目前一站式服务体系基础上,继续深化与财政、工商、银行等部门的沟通合作,进一步优化服务体系,形成特色服务品牌和优势;二是在现有政策基础上,会同区财政局、金融办,出台配套实施细则,明确政策兑现程序、时间等,进一步提高政策兑现效率。

政　策　篇

杭州市人民政府关于加快推进钱塘江金融港湾建设更好服务实体经济发展的政策意见

杭政函〔2018〕53 号

各区、县(市)人民政府,市政府各部门、各直属单位:

为贯彻全国金融工作会议精神,落实省委、省政府重要部署,加快推进钱塘江金融港湾建设,更好服务实体经济发展,根据《浙江省人民政府办公厅关于推进钱塘江金融港湾建设的若干意见》(浙政办函〔2016〕94 号)要求,结合我市实际,提出如下意见。

一、推动金融产业集聚发展

加快金融机构集聚,助推杭州经济动能转换、结构调整、创新发展。

(一)优化金融机构空间布局

落实钱塘江金融港湾建设集聚化、差异化发展总要求,引导金融机构重点向钱塘江金融港湾核心区(钱江新城、钱江世纪城,以下简称核心区)、玉皇山南基金小镇、西溪谷互联网金融小镇、运河财富小镇、湘湖金融小镇、黄公望金融小镇等金融特色小镇(以下简称特色小镇),以及海创园科技金融集聚区等金融集聚区(以下简称集聚区)集聚。市本级每年安排财政资金,统筹用于核心区、特色小镇和集聚区建设,重点推动与区域定位相符的金融龙头领军企业和金融高端人才招引、产业投融资引导、公共服务平台建设等工作。核心区、特色小镇和集聚区按规定报批后,可享受省级特色小镇的相关扶持政策。

(二)支持总部金融机构落户

对在核心区新设或从本市行政区域外(以下简称市外)迁入核心区,经金融监管部门批准,可在浙江省辖区或更广范围设立分支机构或开展金融业务,具有独立法人资格的银行、证券、保险、信托、期货、基金管理、金融控股、资产管理等金融企业总部,根据其实收资本规模、总部功能等情况,给予以下政策扶持:

(1)一次性落户奖励。实收资本在 2 亿元以下、1 亿元(含)以上的,给予 500 万元的奖励;实收资本在 5 亿元以下、2 亿元(含)以上的,给予 800 万元的奖励;实收资本在 10 亿元以下、5 亿元(含)以上的,给予 1000 万元的奖励;实收资本达到 10 亿元(含)的,给予 2000 万元的奖励。对实收资本超过 10 亿元的,每超过 1 亿元,相应增加 100 万元的奖励,单个企业一次性落户奖励累计最高不超过 5000 万元。

(2)购(租)房补贴。首次购置自用办公用房(含本部配套经营用房)的,给予购房价的 10％、最高不超过 5000 万元的一次性补贴,在落户 3 年内兑现到位,获得补贴的办公用房 10 年内不得对外租售;新租赁自用办公用房(含本部配套经营用房)的,注册后 5 年内给予租房补贴,其中前 3 年、后 2 年分别按每年房屋租金市场指导价的 30％、15％,给予累计最高不超过 2000 万元的补贴。如新租赁自用办公用房的价格低于房屋租金市场指导价,则按其实际租金计算租房补贴。

(3)对钱塘江金融港湾建设具有重要意义的法人金融企业总部,可采取"一事一议"的方式,予以奖励(补贴)。对钱江新城区域的法人金融企业总部的上述奖励(补贴),由市本级财政和江干区财政各承担 50％;对钱江世纪城区域的法人金融企业总部的上述奖励(补贴),由市本级财政和萧山区财政按照 25％和 75％的比例承担。

(三)集聚发展金融企业一级分支机构

对新设或从市外迁入,经金融监管部门批准,并经授权管理浙江省辖区或更广范围内的分支机构和开展经营业务的银行分行、证券公司分公司、保险公司分公司,以及具有互联网业务资质的全国性保险经纪代理公司等金融企业一级分支机构,给予以下政策扶持:

(1)一次性奖励。最高不超过 200 万元。

(2)购(租)房补贴。首次购置自用办公用房(含本部配套经营用房)的,给予购房价的 5%、最高不超过 2000 万元的一次性补贴,在落户 3 年内予以兑现到位,获得补贴的办公用房 10 年内不得对外租售;新租赁自用办公用房(含本部配套经营用房)的,注册后 3 年内给予租房补贴,按每年房屋租金市场指导价的 30%,给予累计最高不超过 1000 万元的补贴。如新租赁自用办公用房的价格低于房屋租金市场指导价,则按其实际租金计算租房补贴。

上述奖励(补贴)由机构注册地政府财政承担。

(四)鼓励新设法人专营金融机构

(1)对经中国银保监会批准,新设或从市外迁入的商业银行资产管理、投贷联动、债转股等专业子公司以及金融租赁、消费金融、汽车金融等非银行法人金融机构,给予最高不超过 200 万元的一次性奖励。

(2)对经中国证监会批准或备案,新设立或杭州市外新迁入的证券公司资产管理、自营业务、经纪业务、承销保荐、另类投资等专业子公司,基金管理公司特定客户资产管理、独立销售等专业子公司,期货公司资产管理、风险管理等专业子公司,以及基金业务外包服务等专业公司,给予一次性奖励。其中,实收资本 2 亿元以下、1 亿元(含)以上的,给予最高不超过 200 万元的奖励;2 亿元(含)以上的,给予最高不超过 500 万元的奖励。同一证券公司、基金管理公司、期货公司等金融企业在杭注册设立多家专业子公司的,其申请获得相关支持政策的子公司原则上不超过 3 家。

对上述机构可按照金融企业一级分支机构购(租)房补贴政策,给予累计总额不超过 600 万元的补贴。上述奖励(补贴)由机构注册地政府财政承担,在落户 3 年内予以兑现到位。

(五)加快发展私募投资机构

积极招引和培育私募投资机构,对新设或从市外迁入且按规定要求完成登记备案的,继续按照《杭州市人民政府关于加快我市私募金融服务业发展的实施意见》(杭政函〔2015〕149 号)规定给予扶持。

(六)扶持发展金融科技企业

全力打造国际金融科技中心,鼓励发展金融智慧化、支付结算、网络投融资平台、消费金融与供应链金融、区块链金融、智能投顾、大数据征信与风控、金融信息综合平台及监管科技等金融科技产业,引导龙头金融科技企业做大做强。推动金融科技企业与金融机构融合发展,鼓励金融机构和金融科技企业运用金融科技开展创新业务试点。加快金融科技领域的金融信息共享、数据统计、支付清算、征信体系等基础设施建设,支持设立金融科技学院、实验室、产业园等。组织开展金融科技创新项目评价,对具有引领示范效应的金融科技项目,予以奖励支持。

(七)建立健全配套服务机构

建立健全系统化、专业化的金融服务配套体系,对在全国有重要影响、为钱塘江金融港湾建设作出重大贡献的信用评级评估机构、保险中介机构、金融服务外包企业、金融教育培训机构及金融专业媒体,可按照金融企业一级分支机构购(租)房补贴政策,给予累计总额不超过 200 万元的补贴。

上述补贴由机构注册地政府财政承担。

二、促进金融更好服务实体经济

强化金融保障作用,推动实体经济加快发展,提升钱塘江金融港湾金融创新发展活力。

(八)加大融资保障力度

发挥银行、保险主力军作用,加大对实体经济的融资供给保障。进一步深化市政府与大型综合金融机构的战略合作,加强跟踪协调和总结评估,争取总行在新增信贷规模、不良贷款核销等方面对我市给予更大支持。继续实施银行机构支持我市经济社会发展评价办法,提高对服务实体经济的评价权重,并将评价结果作为市级财政公款竞争性存放和市级行政事业单位购买服务项目合作招标的参考指标。以政保合作机制为着力点,开展保险机构支持我市经济社会发展评价,引导保险资金扩大对我市实体经济领域的投入,助力杭州经济社会发展。

（九）提升直接融资比重

促进多层次资本市场建设，灵活运用境内外市场，助推企业加快发展。完善企业上市培育工作机制。对企业从股改、挂牌、上市到并购重组、再融资等全过程、各环节给予扶持。支持企业发行各类债券，拓宽融资渠道。鼓励企业境外发债，满足海外投资和并购需求。加强金融特色小镇与产业小镇对接，拓宽资本与项目对接渠道。鼓励私募投资机构投资战略性新兴产业和重点产业项目。积极推动政府产业基金通过与社会资本合作设立各类基金，为实体经济提供金融支持，推动行业整合提升。上述事项按照《杭州市人民政府关于全面落实"凤凰行动"计划的实施意见》（杭政〔2018〕14号）给予扶持。

（十）助推国有企业改革转型

鼓励和支持国有企业利用多层次资本市场、通过金融手段深化改革，助推国有资本做大做强。支持国有企业瞄准关键技术研发、系统集成等战略目标，通过并购重组壮大企业规模，延伸业务链，提高核心竞争力，切实解决国有企业上市和并购重组过程中遇到的困难。鼓励民营资本参与国有企业混改，促进行业整合和产业升级。

（十一）发挥地方金融作用

坚持普惠金融理念，鼓励发展多样化地方金融业态。有效发挥融资担保机构增信功能。鼓励民营、外资等各类资本参与杭州融资性担保体系建设，与政策性担保机构形成互补。健全完善政策性融资担保体系，研究制定政策性融资担保机构评价办法，每年安排资金用于对政策性融资担保机构的评价激励和对政策性融资担保业务的风险补助。做优做强小额贷款公司，鼓励其创新业务模式，开发创新产品。推进网络借贷信息中介机构备案登记工作，规范金融要素市场发展，为实体经济提供广覆盖、差异化的金融服务。

三、支持科技和金融融合发展

根据国家科技和金融结合试点城市建设要求，坚持特色优势发展，实现科技企业金融服务全覆盖。

(十二)加大科技型中小企业信贷支持力度

发挥钱塘江金融港湾金融资源集聚效应。支持银行设立、改造科技支行或科技金融专营机构,扩大对科技型中小企业的服务范围和信贷规模。对向我市科技型中小微企业贷款的符合相关政策条件的在杭银行机构和小额贷款公司,继续给予财政补贴支持。

(十三)研究探索投贷联动模式

支持杭州银行先行先试,依托自身已形成的科技金融成熟体系,探索开展"投贷联动"杭州模式。鼓励有条件的在杭银行机构结合自身特点,进一步加强与投资、担保等金融机构的合作,开展针对科技型中小企业的产品服务创新。积极争取上级部门支持,将杭州纳入国家银行业金融机构投贷联动的试点范围。

(十四)引导科技金融产品和服务创新

鼓励金融机构开展科技金融产品的服务创新,推广信用贷款、股权质押贷款、知识产权质押贷款、信用保险等各类科技金融产品。研究推动金融机构以专利权质押方式发放贷款等方面的优惠政策。支持保险机构为科技型中小企业开发知识产权保险、产品研发责任险、成果转化险等创新保险产品。

(十五)做大做强政府引导基金

发挥政府财政资金的引导示范作用,加大财政投入力度,支持创业投资引导基金、天使引导基金、文创产业基金等发展,发挥科技担保机构的配套作用,加大对科技型中小企业的扶持力度。

四、营造良好金融生态环境

遵循金融发展内在规律,加强软环境建设,有效提升钱塘江金融港湾金融综合竞争优势。

(十六)加大财政扶持力度

完善金融业税收收入预算分配管理机制,实施市对区金融业税收收入激励奖补政策,加强市区联动,合力共推钱塘江金融港湾建设。2018—2020 年,市本级每年统筹安排财政资金,用于引进金融机构、培育金融科技、鼓励金融创新、实施"凤凰行动"计划、吸引优秀金融人才等,以及经审定的促进钱塘江金融港湾发展的其他支出。各区、县(市)政府(管委会)应配套安排财政资金,积极支持钱塘江金融港湾建设。

(十七)鼓励金融创新发展

研究制定我市金融产品及服务创新评价办法,对有突出贡献的金融产品和服务、金融研究成果等,由市本级财政给予一定奖励。结合杭州市"名校名院名所"建设,按照《中共杭州市委、杭州市人民政府印发〈关于"名校名院名所"建设的若干意见〉的通知》(市委〔2017〕20 号),对符合条件的新设金融研究机构予以扶持。对营造金融创新发展氛围有重大影响力的金融会展、金融论坛峰会,每年给予资金支持。

(十八)落实金融税收政策

落实金融同业往来利息收入免征增值税、金融商品转让收入免征增值税、保险公司开办的一年期以上人身保险产品取得的保费收入免征增值税,以及金融机构向农户、小微企业和个体工商户发放小额贷款利息收入免征增值税等税收政策。对金融、保险等企业按规定计提的特殊行业准备金,准予在企业所得税税前扣除。对金融、保险等企业取得符合条件的涉农利息、保费收入,在计算企业所得税应纳税所得额时按 90% 计入收入总额。对金融企业涉农贷款和中小企业贷款,按照有关规定确认贷款损失进行税前扣除。支持金融企业研发投入,有效落实企业研究开发费用的加计扣除政策。

(十九)完善金融人才激励

落实《中共杭州市委、杭州市人民政府关于杭州市高层次人才、创新创业人才及团队引进培养工作的若干意见》(市委〔2015〕2 号),推进金融人才分类认定,在落户、住房、医疗、子女入学等方面给予在杭各类金融人才相关政策。对金融机构在钱塘江金融港湾建设、金融科技创新、服务实体经济等方面的贡献进行评价,根据评价结果给予金融机构(高管)相应的奖励。建立钱塘江金融港湾建设智库,鼓励开展各类活动,推动金融人才为钱塘江金融港湾建设发挥作用。

(二十)加强金融风险防范

加强与在杭金融管理部门和省相关部门的对接配合,建立金融风险防控的"天罗地网",积极运用大数据等高科技手段,强化对金融风险的管控和监测。建立全市防范处置金融风险考核机制,压实属地政府监管责任。健全完善金融风险应急处理机制和投资者教育体系,加大对各类金融风险的防范处置力度,坚决守住不发生系统性、区域性金融风险的底线,确保金融资源合理流向实体经济。

(二十一)附则

享受本意见奖励(补贴)的金融机构不得以相同事项重复申请奖励(补贴)。金融机构享受购房补贴的,不再享受租房补贴。金融机构申请享受政策的,应按要求提供有关材料,并承诺 10 年内不迁离杭州;提前迁离后再回迁杭州的,3年内不得申请奖励、补贴或其他资金资助。

本意见中未明确操作细则的相关政策,其资金管理使用办法另行制定。

本意见自 2018 年 7 月 25 日起施行,有效期至 2020 年 12 月 31 日,由市金融办负责牵头组织实施。前发《杭州市人民政府关于支持金融机构加快集聚的实施意见》(杭政函〔2015〕147 号)同时废止。

杭州市人民政府

2018 年 6 月 19 日

中国人民银行杭州中心支行关于进一步深化浙江省民营和小微企业金融服务的意见

杭银发〔2018〕169号

人民银行各市中心支行、杭州市辖各支行,各政策性银行浙江省分行,各国有商业银行浙江省分行,浙商银行,浙江省农村信用社联合社,交通银行浙江省分行,各股份制商业银行杭州分行,邮政储蓄银行浙江省分行,杭州银行,浙江网商银行,各城市商业银行杭州分行,杭州联合银行:

为深入贯彻习近平总书记在民营企业座谈会上的重要讲话精神,落实人民银行总行和省委、省政府关于金融服务民营和小微企业的工作部署,加大对我省民营和小微企业的金融支持力度,促进浙江民营经济高质量发展,现提出如下意见:

一、提高站位,高度重视民营和小微企业金融服务工作

(一)高度重视民营和小微企业金融服务工作

公有制为主体、多种所有制经济共同发展是我国的基本经济制度,民营经济是推动浙江经济发展不可或缺的重要力量,民营和小微企业是我省经济中最活跃、最具潜力的部分,服务民营和小微企业是党中央、国务院赋予金融系统的重要责任和使命。各金融机构要提高政治站位,深入贯彻习近平总书记在民营企业座谈会上的重要讲话精神,牢固树立金融服务实体经济理念,始终坚持"两个毫不动摇",遵循市场化、商业可持续的原则,把深化民营和小微企业金融服务作为当前及下阶段各项工作的重中之重,把业绩发展和考核同支持民营和小微企业挂钩,对国有企业和民营企业在贷款、发债等融资方面一视同仁,优先解

决民营企业特别是小微企业融资难问题,同时逐步降低融资成本,为我省民营经济高质量发展提供坚实有力的金融支撑。

二、多措并举,加大民营和小微企业金融资源投入

(二)持续增加民营和小微企业信贷投入

2018—2020 年,力争全省小微企业贷款(含个体工商户和小微企业主贷款)新增 5000 亿元,确保全省小微企业贷款余额增速高于全部企业贷款增速。各金融机构要积极向上级行争取信贷资源倾斜,通过专项资源配置、专项费用激励、专项绩效考核、专项损失补偿等措施,加大民营和小微企业信贷投放,新增信贷优先用于支持民营和小微企业。支持法人金融机构发行小微企业专项金融债、二级资本债和信贷资产证券化产品,扩大大额存单发行量,拓宽民营和小微企业信贷资金来源。

(三)大力支持民营企业发行债务融资工具

落实《浙江民营企业债券融资支持工具合作协议》,加强多方合作,进一步优化民营企业发债融资政策支持体系,加大对民营企业发债的财政奖励力度,积极支持有市场、有前景、有技术、有竞争力的民营企业参与央行债券融资支持工具。2019 年,推动全省通过债券融资支持工具帮扶民营企业发债金额占全国 10％左右,2019 年底全省民营企业债务融资工具存续余额达到 1000 亿元。各级人民银行要加强宣传引导和沟通协调,推动地方政府支持措施尽快落地。各主承销金融机构要加大工作推进力度,明确发债目标任务,做好民营企业债券融资支持工具发行服务工作,推动浙江民营企业债券融资规模在全国保持领先地位。

三、合理定价,降低民营和小微企业融资成本

(四)加强央行低成本资金定向支持

全省人民银行每年安排支小再贷款、再贴现额度 250 亿元左右,专项用于

支持金融机构发放单户授信不高于 3000 万元的民营企业贷款和普惠口径小微贷款(指单户授信不高于 1000 万元的小微企业贷款和个体工商户、小微企业主经营性贷款),专项为民营企业票据、票面金额不高于 500 万元的小微企业票据办理再贴现,通过央行低成本资金引导金融机构降低贷款利率。对金融机构民营和小微企业贷款增量按 1∶1 的比例给予支小再贷款支持。将民营和小微企业贷款质押率由 50% 提高至 60%,正常类民营企业贷款、普惠口径小微贷款可免于央行内部评级,直接纳入再贷款合格质押品范围。

(五)降低民营和小微企业贷款利率

力争 2018 年四季度全省小微企业贷款加权平均利率比一季度明显下降,2019 年逐季稳步下降。各金融机构要按照"保本微利"的原则确定民营和小微企业贷款利率,对小微企业实行内部资金转移定价(FTP)和贷款收益单列考核,小微企业贷款 FTP 定价要低于其他一般贷款,并给予专项优惠。金融机构使用支小再贷款资金发放的民营和小微企业贷款利率,要明显低于一般企业贷款利率。进一步推广年审制贷款、循环贷款、分期分段等还款方式创新,降低企业续贷成本。

四、精准服务,助推民营和小微企业高质量发展

(六)加强对小微企业园区的信贷支持

小微企业园是我省小微企业提升竞争力、实现高质量发展的重要载体,各金融机构要认真落实《关于金融支持浙江省小微企业园高质量发展的意见》(杭银发〔2018〕157 号),聚焦全省小微企业园建设,支持小微企业集聚发展、创新发展。对小微企业园开发贷款实施差异化授信政策,在符合信贷政策条件下,金融机构可按照重点工业项目或基础设施建设项目,对小微企业园开发贷款进行授信管理和准入。支持金融机构向入园小微企业发放厂房按揭贷款,满足小微企业自身生产经营的厂房购置需求,厂房按揭贷款首付比例不低于 20%。

(七)深化科技金融和绿色金融创新

落实浙江省创业担保贷款支持政策,符合条件的小微企业可申请最高不超过 300 万元的创业担保贷款,对入驻科技孵化器的小微企业按贷款基准利率给予全额贴息,对其他小微企业按贷款基准利率给予 50%贴息。大力推广专利权、商标权、应收账款等无形资产质押贷款,完善评估、登记和流转机制,支持科技型小微企业创新发展。加快推进省内绿色金融改革创新试验区建设,支持民营企业通过发行绿色债务融资工具、开展排污权、用能权抵押融资等方式实现绿色发展。

(八)支持民营企业市场化债转股

各金融机构要以民营企业为重点,建立债转股企业项目储备库,积极探索债转股基金、担保债权债转股等模式创新。在浙分支机构要积极向总行尤其是债转股实施机构争取支持,法人金融机构要加强与资产管理公司的债转股合作,享受定向降准政策的金融机构要利用好定向降准资金实施债转股。前期已签署的债转股协议要及时落地实施,尚未签订债转股协议的金融机构要尽快有突破,通过债转股切实降低民营企业财务负担。

(九)促进民营企业对外贸易投资便利化

持续深化外汇管理"最多跑一次"改革,加快推广外汇管理行政许可业务网上办理,对符合条件的民营企业,简化货物贸易单证审核、待核查账户管理、退汇业务管理、进口报关单信息核验等手续。简化跨境人民币结算办理流程,扩大跨境人民币资金池企业数量,支持民营企业优先使用人民币跨境投资。支持民营企业通过开展贸易融资和全口径跨境融资业务,运用内保外贷、点心债等工具从境外市场融入低成本资金。各金融机构要加大汇率避险产品开发、宣传和推介力度,引导民营企业利用远期结售汇、汇率掉期、外汇期权、货币互换等产品规避汇率风险。

五、破除梗阻,疏通货币信贷政策传导机制

(十)合理设置授信审批权限

各金融机构要综合考虑服务实体经济和防控金融风险的要求,根据资产质量状况、风险管控能力、审批力量配备和客户群体特征等因素,差异化设置分支机构授信审批权限,不得"一刀切"上收民营企业授信权限。对民营企业存量客户的正常续贷需求,以及单户授信 500 万元及以下的小微企业新增信贷需求,审批权限应尽量下放。对小微企业信贷专营机构应给予差异化授权。积极推行线上审批、限时审批和派驻专职审批人制度,对优质民营企业开辟授信审批"绿色通道",不断提高审批效率。

(十一)落实不良贷款尽职免责制度

各金融机构要健全容错纠错机制,提高民营和小微企业贷款风险容忍度,细化不良贷款尽职免责办法,制定操作细则,明确尽职免责的具体情形和从轻、减轻责任的条件,打消基层经营机构和客户经理服务民营和小微企业的顾虑。对小微企业信贷专营机构、专注小微信贷业务的客户经理,应适当增加免责和减责条款。对符合法律法规和信贷政策要求,不涉及操作风险和道德风险,但因客观原因导致贷款出现风险的,在责任认定时应免除或部分免除客户经理责任。

(十二)加快推动企业信用信息共享

进一步完善浙江省企业信用信息服务平台功能,推进公共信用信息在金融领域的使用。全省各级人民银行要借鉴和推广台州小微企业信用体系试验区建设经验,依托浙江省企业信用信息服务平台或本级相关平台,加强与工商、税务、电力、环保、法院等多部门合作,多渠道加大小微企业信用信息共享和整合力度,着力破解银企信息不对称问题。各金融机构要加强小微企业公共信用信息在信贷领域的使用,积极推广应用案例,结合大数据、云计算等信息技术,开

发推广小微企业信用贷款产品。

(十三)打通金融服务"最后一公里"

人民银行杭州中心支行会同省工商联,省、市、县三级联动,在全省金融系统组织开展"百名行长进民企"大走访活动。各级人民银行要加强与当地工商联的沟通协作,联合组织好辖内大走访活动,走访银行要覆盖辖内 50% 以上的一级支行(含)以上机构。各金融机构要建立单位主要负责人牵头的工作机制,由行领导带头深入民营企业走访,每名行长走访 1~3 家企业,深入摸清企业当前面临的主要困难及资金需求,及时制定融资解决方案,"一企一策"落实帮扶措施。

六、真抓实干,确保民营和小微企业金融服务政策落实落地

(十四)切实增强政策执行力

全省各级人民银行、各金融机构要夯实工作责任,狠抓工作落实,抓紧制定本辖区、本机构深化民营和小微企业金融服务的实施细则,细化目标任务和工作方案,于 2018 年 12 月 31 日前上报人民银行杭州中心支行。同时,每年 1 月 20 日前上报上一年度金融服务民营和小微企业的工作情况报告。人民银行杭州中心支行将建立"回头看"制度,持续跟踪督导各地、各金融机构政策落实情况。各金融机构服务民营和小微企业的工作情况和成效,作为人民银行实施再贷款再贴现、宏观审慎评估、金融机构综合评价等政策的重要依据。

(十五)加强政策实施效果考核评估

人民银行杭州中心支行定期对金融机构开展小微企业信贷政策导向效果评估,评估金融机构小微企业贷款增量、增速、占比及金融服务开展情况,根据评估情况确定"优秀""良好""中等""勉励"四个等次,在金融系统内通报。改进宏观审慎评估(MPA)制度,按照人民银行总行统一部署,调整评估参数,增设相关指标,提高民营和小微企业贷款考核权重,强化宏观审慎评估对民营和小

微企业信贷投放的激励引导作用。

请人民银行各市中心支行、杭州市辖各支行速将本意见转发至辖区各相关单位及金融机构,并抓好贯彻落实工作。

中国人民银行杭州中心支行

2018 年 12 月 4 日

中国人民银行杭州中心支行　国家税务总局杭州市税务局关于做好国家金库杭州市各代理区支库电子退库系统推广上线有关工作的通知

杭银发〔2018〕180 号

国家金库杭州市各代理区支库,国家税务总局杭州市各区税务局:

为实现电子退库业务全联网全覆盖,经中国人民银行杭州中心支行和国家税务总局杭州市税务局双方商定,决定于 2018 年底在杭州市区辖内国家金库各代理区支库推广上线电子退库系统。

一、系统架构

目前杭州市区各代理支库的退库业务通过国库业务核算系统(以下简称TBS)仅作为报表处理系统,资金清算须借助于商业银行清算系统,而手工处理退库业务工作量大、效率低。本方案通过对 TBS 系统和无纸化前置系统进行改造,与商业银行清算系统进行衔接,从而实现电子退库业务功能,具体架构见附件 1(略)。

二、推广时间和范围

2018 年 12 月 20 日前,完成上线前技术准备工作。

2018 年底前,实现杭州辖内经济技术开发区、风景名胜区、上城区、下城区、江干区、拱墅区、西湖区和滨江区税务局(简称各区税务局,下同)八个区税务局和代理区支库的业务联网,推广应用电子退库业务系统。

三、职责分工

（1）中国人民银行杭州中心支行负责对代理区支库 TBS 系统和无纸化前置系统开发、安装、测试工作的管理监督,负责各代理区支库相关电子退库业务的工作指导。

（2）各代理区支库负责电子退库系统的测试和日常的电子退库业务的处理。根据中国人民银行杭州中心支行和国家税务总局杭州市税务局的电子退库系统推广上线工作安排,做好行内代理区支库清算前置系统的开发和联通工作,做好电子退库业务上线前的联调测试工作;上线后按照电子退库业务管理办法做好《电子退库申请及原缴款信息清单》及相关文件资料和电子退库信息核对无误后办理退库,确保库款安全。

（3）国家税务总局杭州市税务局负责指导各区税务局开展代理区支库电子退库工作,负责协调处理实际工作中产生的问题;监控税务部门电子退库业务相关风险点。

（4）各区税务局承担电子退库业务的具体工作;按总局缴退库业务规定和流程受理、审批纳税人退税事项;向代理区支库提供规定格式的电子退税清单和材料,做到信息完整、准确及及时;处理因网络故障、误操作等信息;每日与代理区支库就电子退库金额、科目和级次进行对账,确保国家税款安全,并保证双方核算信息一致。

四、工作要求

（1）关于收入退还书。经中国人民银行杭州中心支行、国家税务总局杭州市税务局的业务和技术部门商定,电子退库凭证采用《电子退库申请及原缴款信息清单》(具体格式见附件 2,略)取代原来的纸质收入退还书,清单须加盖退库单位公章和法人印鉴章,作为退库的记账凭证;各代理区支库要认真审核清单,根据清单逐笔核对电子信息,确保电子信息和清单的准确和一致。

（2）退库资料传递和审核。根据电子退库业务管理办法,各区税务局向各代理区支库提交电子退库信息的同时须提供相关文件依据,出口退税文件和计划批复文件、先征后退文件、减免税文件、汇总更正的依据文件、免抵调库计划指标文件和其他政策性依据文件,相同的依据文件可在第一次业务办理时进行提供,不用重复提供。文件资料传送方式可采用人民银行的金融城域网邮箱传递或传真,无法实现邮箱传输的仍提供纸质文件,纸质形式提供的文件依据都应盖有税务机关章戳,各代理区支库根据退库业务类型进行政策性审核。

(3)上线试运行期间,各区税务部门和代理区支库要实时跟踪运行情况,发现问题及时向中国人民银行杭州中心支行和国家税务总局杭州市税务局报告,相关部门要积极研究问题的应对措施,及时规范业务,确保国库资金安全。

中国人民银行杭州中心支行

国家税务总局杭州市税务局

2018 年 12 月 6 日

浙江银保监局筹备组关于强信心稳预期促进实体经济高质量发展的指导意见

浙银保监筹发〔2018〕7号

机关各处室、各银监分局、各直辖监管办,温州保监分局,各政策性银行浙江省分行(营业部),各国有商业银行浙江省分行、杭州市分行,浙商银行、各股份制商业银行杭州分行,各金融资产管理公司浙江分公司,邮储银行浙江省分行、杭州市分行,杭州银行、各城市商业银行杭州分行,浙江网商银行,省农信联社、杭州辖内各农村中小金融机构,杭州辖内各非银行金融机构,省银行业协会,各保险公司省级分公司,各保险专业中介机构,各保险社团:

为深入贯彻党中央、国务院、中国银保监会和浙江省委、省政府决策部署,把防范化解金融风险和服务实体经济更好结合起来,浙江银行业和保险业必须认真贯彻《中国银保监会办公厅关于进一步做好信贷工作提升服务实体经济质效的通知》(银保监办发〔2018〕76号),提供更加优质高效的金融服务,增强企业信心,稳定市场预期,促进浙江经济金融高质量发展。现就有关事项提出如下意见:

一、保障总量,优化结构,满足实体经济有效融资需求

努力疏通货币政策传导机制,综合运用银行表内外融资、债券承销、信托贷款、保险资金运用等多种渠道,引导金融体系流动性有效进入实体经济,确保浙江社会融资规模稳步增长,积极打造全国金融服务改革创新高地。优化信贷结构,积极服务"四大建设""十大行动计划"等浙江重大发展战略,支持扩大有效投资重点项目建设。在不增加地方政府隐性债务的前提下,加大对资本金到

位、运作规范的基础设施补短板项目的信贷投放。落实支持制造业发展专项信贷机制，优先满足数字经济、智能制造、绿色制造、传统产业改造提升、新兴动能加快培育等重点领域融资需求。

二、强化民营企业金融服务，发挥民营经济全国风向标作用

充分认识加强和改善民营企业金融服务的重要意义，坚定不移支持浙江民营企业持续健康发展，积极构建互利共赢、共生共荣的长期合作关系。提高民营企业授信业务的考核权重，在信贷准入、利率定价、债券融资、会商帮扶、专业咨询等方面给予精准支持。引导民营企业合理控制融资总量，科学配置信贷、股权与债券等不同融资比例。鼓励商业银行参与设立民营企业债券融资支持工具，运用市场化手段为企业发债提供风险缓释和增信支持。发挥金融顾问功能，指导发债企业提前做好到期兑付安排，对于暂时出现债券兑付困难的企业，主动联合地方政府、政策性担保机构等，及时采取应对措施。

三、加大优质企业支持力度，增强企业家长期发展信心

按照浙江省"亩均论英雄"改革精神，落实差别化信贷政策，对优质企业在信用评级、授信审批、还款方式、信用贷款等方面给予重点支持，通过联合授信、银团贷款、并购贷款、银保合作、境内外机构联动等模式，支持优质企业开展境内外投融资，切实增强企业家发展信心。主动对接浙江省"凤凰行动""雄鹰行动""雏鹰行动"计划，筛选对接核心主业突出、公司治理规范、杠杆水平适度、并购需求合理的优质企业，在企业扩大投资、技术改造、还贷续贷、债券到期、并购重组等关键时间节点，提前做好金融安排，量身定制金融服务方案，积极培育和扶持专、精、特、新的企业客户群。

四、支持上市公司稳健发展，科学管理股权质押业务风险

充分发挥保险资金长期稳健投资优势，鼓励保险资金对优质上市公司开展

财务性和战略性投资。完善商业银行股权质押业务流程,重视企业实际经营状况和第一还款来源,科学评估企业现金流和偿债能力,为上市公司提供稳定金融服务保障。加强银行保险机构与上市公司稳定发展基金、政策性担保基金等合作,对触及平仓线的质押股票,不简单采取平仓处置方式。对暂时出现流动性困难的上市公司,在公司尽责自救的基础上,按照市场化运作原则给予流动性支持,努力帮助企业渡过难关,有效纾解股权质押风险。

五、加强进出口金融服务,帮助企业有效应对外部冲击

梳理进出口企业重点名单,建立专项金融服务方案和监测机制,加大福费廷、买方信贷、出口信保融资等产品支持力度,提高授信审批效率,满足企业贸易融资需求。对受国际市场冲击较大、遇到暂时困难但仍有发展前景的企业,不得简单压贷、抽贷、断贷。对采取出口转内销、转移出口市场、拓宽出口渠道等应对措施的企业,有针对性给予政策倾斜,稳定企业预期。加强企业汇率避险政策指导和业务培训,提供外汇套期保值金融服务。加强政银企、政银担、政银保合作,完善风险分担机制。鼓励出口信用保险公司加强与银行业金融机构的数据共享,合理设定并向银行业金融机构充分说明保单除外责任,清晰界定三方责任,出险后及时履行赔付责任,扩大出口信用保险额度和覆盖率,促进贸易融资回稳向好。支持符合条件的城市商业银行开办衍生产品交易业务,提高贸易金融服务能力。

六、精准对接小微企业需求,引领小微金融服务实践

优先安排信贷资源,强化内部考核激励,加大小微企业信贷投放力度,确保法人银行业金融机构完成考核口径小微企业贷款"两增两控"目标。鼓励在风险可控前提下,深化小微企业贷款定价、计息、还款、担保等方式创新,推广"两跑三降"服务模式,继续保持浙江小微企业金融服务全国领先。大力发展科技金融,推动专利保险发展,重点开展首台(套)保险和重点新材料首批次应用保险,支持小微企业提高科技创新能力。稳步推进绿色金融试点改革,加大小微

企业绿色园区建设、合同能源管理、绿色建筑等领域支持力度,创新推广安全生产、产品质量、环境污染治理等领域保险产品,运用费率调节机制,支持浙江小微企业率先实施绿色化发展。

七、深化困难企业分类帮扶,多方合力共克时艰

深入推动"政府牵头、监管指导、协会会商、企业自救、银行帮扶"五位一体企业帮扶机制落地。实施精准帮扶,前移帮扶关口,统一银企步调,对有市场前景、有救助价值的困难企业,在督促企业主动自救的同时,加大帮扶力度,提高帮扶质效。实施综合帮扶,针对困难企业及时组建债委会,紧紧依靠地方政府,落实财政、税务、土地、司法、金融等综合帮扶措施。创新帮扶手段,大力推动市场化法治化债转股落地实施,支持保险资金参与债转股,帮助困难企业减轻债务负担。对杠杆率过高、市场前景不好,甚至长期亏损、失去清偿能力的企业,推动债务重组或破产重整。

八、加强服务收费管理,有效控制企业融资成本

深入开展银行业和保险业治乱象,认真落实"浙江银行业经营管理负面清单",缩短融资链条,杜绝不当收费行为,严禁以贷揽存、借贷搭售、以短期融资对接长期资金需求等变相增加企业融资成本的行为。严格落实银保监会关于银行机构与中介机构合作有关规定,严禁员工内外勾结、违规通过中介发放贷款或参与过桥贷款。发挥大型银行"头雁"效应和中小法人金融机构支农支小主力军作用,合理确定企业融资利率,用好差别化存款准备金率、税收优惠等普惠金融扶持政策,加大对民营企业和普惠金融客户减费让利力度。积极推进抵质押品价值内部评估和优质评估机构评价结果的行业互认,推动在全省范围内探索不动产抵押登记网络化建设,多渠道控制企业综合融资成本。

九、健全内部治理机制,提升服务实体经济能力

各银行保险机构要切实加强党的领导,树立正确的发展观和绩效观,主动

加快转型升级,科学制定发展战略,改进激励约束机制,将提升服务实体经济质效作为重要指标,纳入本单位绩效考核制度。落实尽职免责和容错纠错机制,实施内部资金转移价格优惠,调动基层机构和基层员工服务民营企业和做好普惠金融、绿色金融、科技金融、各类保险保障的积极性。主动对接和运用浙江"最多跑一次"、数字化转型的新成果,借助大数据、云计算、人工智能等科技手段,提高获取数据信息和金融服务需求的自动化水平,构建线上线下综合服务渠道,打造"移动办贷"平台,培育"掌上办贷"品牌,不断提高金融服务效率。

十、应对形势变化,深入调查研究,稳定金融服务预期

各级监管部门和银行保险机构负责人要自觉践行"干在实处永无止境、走在前列要谋新篇、勇立潮头方显担当"新期望,带头深入基层,围绕工业、服务业、农业农村等各个领域开展调查研究,主动了解实体经济和各类企业情况,及时完善工作计划,有针对性出台金融保障措施,把服务实体经济工作做深、做细、做实。充分发挥各级银行业协会和各类保险社团作用,组织开展"强信心,稳预期,服务实体经济"活动,加大金融创新产品的宣传、普及和推广力度,与企业培育稳定和谐关系,增强企业信心,稳定市场预期,全力保障浙江经济高质量发展。

浙江银保监局筹备组

（浙江银监局代章）

2018 年 11 月 1 日

中国银监会浙江监管局关于推广"两跑三降"模式推动浙江银行业普惠金融高质量发展的指导意见

浙银监发〔2018〕55号

各监管处、各银监分局、各直辖监管办,各政策性银行浙江省分行(营业部),各国有商业银行浙江省分行、杭州分行,各股份制商业银行杭州分行,邮储银行浙江省分行、杭州市分行,杭州银行、各城市商业银行杭州分行,浙江网商银行,省农信联社、杭州辖内各农村中小金融机构,各外资银行杭州分行,杭州辖内各非银行金融机构,省银行业协会:

为积极落实党中央关于普惠金融发展的战略部署,深入贯彻中国银行保险监督管理委员会、省委省政府关于推进普惠金融工作的有关政策精神,着力缓解普惠金融服务供给不充分不平衡问题,建设广覆盖、可持续、互助共享、线上线下协同发展的浙江普惠金融体系,努力提供"既普也惠又可持续发展"的普惠金融浙江方案,现就推广"两跑三降"模式提出如下意见:

一、充分认识推广"两跑三降"模式的重要意义

长期以来,浙江银行业坚持以客户为中心、以市场为导向、以义利兼顾为目标,围绕小微、三农、扶贫等普惠金融服务重点,创新金融产品和服务方式,应用互联网等现代信息技术手段,通过"跑街"与"跑数"的有机融合,推进"降门槛、降成本、降风险",形成了"两跑三降"普惠金融服务模式。其中,"跑街(村)"通常是指通过走千家、访万户等扫街扫村方式营销,通过上门调查、眼见为实、自编报表、交叉验证等措施掌握客户"硬数据"和"软信息",缓解信息不对称,从而降低门槛、控制风险。"跑数"通常是指通过加强信息科技与普惠金融融合,

打造移动展业平台,提升客户挖掘、数据采集与分析能力,推进金融服务线上化、模型化、智能化、场景化,实现移动办贷、线上审批,从而降低成本,提高效率。

"跑街(村)"与"跑数"之间是继承创新、相互促进、交叉印证的关系。"跑数"让"跑街(村)"更有针对性,更加标准化,"跑街(村)"让"跑数"更可靠,更接地气。各银行业金融机构要准确认识"跑街(村)"与"跑数"的辩证关系和丰富内涵,统筹推进,融合发展,既要加强服务走访、深耕市场,又要积极与现代科技融合,做到"服务弯腰、数据撑腰",通过推广运用"两跑三降"模式,促进普惠金融从"劳动密集型"向"技术密集型"转变,不断拓展服务广度和深度,推动普惠金融高质量发展。

二、发挥"跑街(村)"领先优势

(一)完善组织体系,延伸服务触角

一是大中型银行辖内分支机构要加强普惠金融事业部建设,加快"五专"经营机制落地,向基层延伸普惠金融机构网点。二是辖内法人银行业金融机构要坚持支小支农市场定位,推进差异化发展、特色化经营和精细化管理,鼓励发展扎根基层、服务普惠的社区支行、小微支行。三是深化农村基础金融服务"村村通"工程,通过营业网点、电子机具、便民服务点等渠道,延伸服务触角,丰富服务内涵,实现"基础服务不出门、综合服务送上门"。

(二)优化作业模式,提高服务质效

一是开展社区化营销、网格化管理,通过信用村(户)评定、上门营销、定点定人等方式,运用现金流分析、软信息调查、交叉检验等信贷调查技术,破解信息不对称难题。二是开展批量化作业、定制化服务,针对产业链、专业市场、小微园区等客群,量身定制信贷产品和服务方案。三是加强队伍建设,开展规范化、标准化培训,培养一支专业、负责、奉献的普惠金融员工队伍。

(三)参与社会治理,提升服务深度

一是大力支持"三位一体"农合联改革,加快推进与农合联的深度协作和有机衔接,创新金融服务方式,支持新型农业经营主体培育发展,支持供销合作社改革,促进农民生产合作、供销合作及信用合作。二是深入开展普惠金融"走千访万"工程,扎实做好农户及新型农业经营主体授信评定,夯实农村金融服务基础。三是继续推广农民资产受托代管融资模式和村级互助担保模式,探索推进普惠金融与社会治理的有机融合。

三、打造"跑数"浙江样板

(一)践行数字普惠,完善基础设施

一是结合"最多跑一次"改革要求,制定数字普惠科技应用发展规划,借助网络、智能手机、社交平台等渠道,丰富服务手段。二是利用人脸识别、地图应用、图像数字化等先进技术,将信贷业务、柜面业务等集成到智能手机、PAD 等移动终端,打造移动展业平台,将金融服务送上门。

(二)开展智慧小微,提升服务水平

一是深入挖掘银行内部数据,拓展应用税务、工商、法院等外部数据,提升数据挖掘与分析能力。二是深入推进"银税互动",推广银税互动"线上模式",创新开发基于税务数据和多维度企业信息的信贷产品。三是探索基于大数据分析测算、全流程在线操作的信用贷款产品,丰富自助服务功能。

(三)增加应用场景,丰富服务内涵

一是探索与供应链、产业链核心企业对接,通过物流、信息流和资金流的"三合一",打造线上链式服务模式。二是探索场景式金融服务,主动对接掌握业务场景数据的平台企业,为平台用户提供闭环融资服务。三是推进"智慧支付＋民生服务",以新型支付为切入点,加强对医疗、教育、餐饮、旅游等民生服

务项目的综合金融服务。

四、着力推进"降门槛"

要保持"普"的初心,扎实推进社区化、网络化服务,促进线上线下融合,合理放宽准入条件,因地制宜创新担保方式,千方百计增加信贷供给,努力降低客户获取金融服务的门槛。

(一)降低准入门槛

要下沉服务重心,赋予基层网点差异化审批权限,科学设定授信审批条件,探索推广使用"三有三无"①微贷技术、"两有一无"②准入模式等,合理降低客户准入门槛,有效扩大客户覆盖面。

(二)创新担保方式

一是加大社会信用体系建设成果应用,创新增信方式,突破抵押依赖,鼓励发放信用贷款。二是积极发展动产融资,持续推进农村产权融资增量扩面,盘活沉睡资产,提高融资可获得性。三是推动完善普惠金融担保体系,加强与地方政府信保基金、政策性担保公司、农业信贷担保公司、保险公司等机构合作。

(三)增加信贷供给

单列信贷计划,将信贷资源向三农和小微倾斜,积极支持资产规模小、融资能力弱的小微企业;服务乡村振兴战略,研发多元化、特色化的金融产品,支持农业供给侧结构性改革和美丽乡村建设;认真落实差异化监管要求,努力完成小微贷款"两增两控"③和涉农贷款持续增长的目标。同时,在依法合规、风险可控的前提下,开展信贷资产证券化、信贷资产转让和收益权转让等试点业务,

---

① 无不良记录、无不良嗜好、无过度融资,有固定住所、有稳定收入、有确定职业。

② 有劳动意愿,有劳动能力,无不良嗜好。

③ "两增"即单户授信总额 1000 万元以下(含)小微企业贷款同比增速不低于各项贷款同比增速,有贷款余额的户数不低于上年同期水平;"两控"即合理控制小微企业贷款资产质量水平和贷款综合成本(包括利率和贷款相关的服务收费)水平。

积极盘活信贷资源。

(四)深化扶贫金融

深入实施"两扶一增"计划,聚焦低收入人群、农村及偏远地区,坚持扶贫与扶志、扶智相结合,推进扶贫小额信贷健康发展。立足本地优势产业和政府重点扶贫项目,精准发放产业扶贫贷款,带动低收入人士增收致富。加强与地方政府部门的沟通联动,持续创新扶贫贷款模式,建立健全扶贫贷款风险分担机制,推进扶贫金融可持续发展。

五、着力推进"降成本"

要借鉴"最多跑一次"改革精神,深化推进"跑街＋跑数"融合,积极提升效率,提供简单、快捷、方便的服务,降低内部管理成本、客户时间成本和融资成本等,努力实现"惠"的目标。

(一)优化信贷流程

一是积极改进信贷流程,建立健全科学高效的内部流程,缩短决策链条,探索限时承诺制,压缩信贷获得时间。二是改进贷款支付方式,对于贷款用途管理规范、资产质量良好的机构,向属地对口监管部门报告后,在风险可控的前提下,可对单户授信总额 1000 万元以下(含)的小微企业流动资金贷款(不含个体工商户和小微企业主贷款)采取自主支付方式。同时要加强贷后管理和检查,加强贷款用途管理。

(二)改进续贷方式

一是改进贷款期限管理,研发推广中长期、循环使用、年审制、分期还本付息等贷款产品,缓解期限错配问题。二是加大续贷相关监管政策落实力度,简化续贷办理流程,在风险可控基础上,推广无还本续贷业务,支持经营正常的普惠金融客户融资周转"无缝衔接"。

（三）鼓励减费让利

在落实"两禁两限"收费政策的基础上,巩固清费减负成果,控制贷款综合成本,进一步向普惠金融客户减费让利。

（四）用足用好扶持政策

要积极利用好普惠金融各项扶持政策,尤其是差异化存款准备金和贷款利息收入免征增值税政策,立足综合效益和社会效益,强化绩效考核倾斜,科学设定内部资金转移价格,建立合理定价机制,让普惠金融客户享受到政策红利。

六、着力推进"降风险"

要坚持"稳"的基调,不断完善风控、合规、审计等内部管理机制,做实三道防线,提升风险技术,不断降低信用风险、操作风险、合规风险等各类风险,实现普惠金融商业可持续发展。

（一）坚守市场定位

各大中型银行的普惠金融事业部和小法人机构要保持战略定力,坚持服务普惠的市场定位不动摇,聚焦社区、聚焦村镇、聚焦基层,按照"小额、分散"原则,坚持做小不做大、做实不做虚、做本地不做异地。特别是法人机构要完善公司治理和股权结构,做到董事会坚定普惠战略不动摇,高管层坚决执行落实不偏离。

（二）优化信贷结构

要坚持有保有压,加强对制造业和新经济业态的支持,主动服务科技创新、节能环保、文化创意等小微企业,支持"个转企""小升规";有序退出落后产能、过剩产能行业;严防多头授信、过度融资,防止贷款资金违规进入房地产和股市。要深入研究普惠金融客户的资金需求特征,审慎评估贷款用途和还款能力,提供相匹配的金融产品。

(三)加强内部管理

一是合理确定普惠金融领域贷款风险容忍度,建立并落实尽职免责制度办法,激发普惠金融从业员工工作积极性。同时,加强员工行为管理,建立长期监测和不定期排查机制,防范员工道德风险。二是按照整治市场乱象的要求,审慎开展与第三方机构合作,加强准入资质管理,不得将授信审查、风险控制等核心业务外包,不得接受无担保资质的第三方机构提供担保增信。三是积极用好呆账核销管理、贷款损失准备调整等政策,真实反映资产质量,简化核销程序,加快存量普惠金融不良贷款核销处置进度,减轻包袱、轻装上阵。

(四)提升风控技术

要针对普惠客户群体的关键风险特征,多维度交叉验证客户信息,综合判断客户实际风险状况。要积极探索利用互联网、大数据等信息技术提升风控能力,推进智能化风控,完善授信准入、审批决策、贷后风险预警等模型,探索授信审批、风险监测、融资限额等自动化、标准化管理,推动风险管理从被动向主动转变。

七、建立健全相关工作机制

(一)强化监管督导,优化考核评价

一是完善监测分析机制。各级监管部门要按季监测分析辖内法人机构监管考核口径下小微企业信贷计划及"两增"目标完成情况,积极督导商业银行辖内机构信贷计划完成情况,涉农贷款、新型农业经营主体贷款和精准扶贫贷款增量、增速目标完成情况。二是完善报告督查机制。各银行业金融机构要在《普惠金融发展规划(2016—2020年)》落实情况自查中,对"两跑三降"模式推进情况进行总结评估,各级监管部门要进行督查。三是完善考核评价机制。各级监管部门应按季通报小微企业贷款、涉农贷款等普惠金融推进情况,考核评价结果与监管评级、业务和机构准入等挂钩。

(二)加强信息披露,做好经验推广

一是主动开展信息披露。各法人银行业金融机构应在年度报告中主动披露本行普惠金融开展情况,作为践行社会责任的重要内容,接受社会公众监督。二是加强经验推广。各级监管部门和银行业金融机构要及时总结上报本地区、本机构的良好经验做法,加强正面宣传,促进交流推广。

(三)加强外部联动,营造良好环境

要深化与政府部门的沟通联动,在信用信息共享平台、动产质押融资、失信联合惩戒、政策性担保体系建设、风险分担及损失补偿机制等方面形成合力。要依托基层党政组织,融入社会治理体系,探索普惠金融服务新模式,提高普惠金融覆盖面、可得性和满意度。

中国银监会浙江监管局

2018 年 3 月 30 日

规划调研篇

杭州金融产业人才发展三年行动计划
（2018—2020 年）

杭州市金融办

为进一步集聚高层次金融人才，充分发挥金融人才在金融改革发展中的智力支撑作用，加快推进区域金融服务中心建设，全力打造钱塘江金融港湾、国际金融科技中心、财富管理中心三张"金名片"，根据《关于加快推进杭州人才国际化的实施意见》（市委〔2017〕19 号）、《关于深化人才发展体制机制改革完善人才新政的若干意见》（市委〔2016〕16 号）和《关于杭州市高层次人才、创新创业人才及团队引进培养工作的若干意见》（市委〔2015〕2 号）要求，按照《关于印发杭州市金融业发展"十三五"规划的通知》（杭政办函〔2016〕128 号）、《关于加快推进钱塘江金融港湾建设更好服务实体经济发展的政策意见》（杭政函〔2018〕53 号）部署，结合实际，制定本行动计划。

一、指导思想

认真贯彻落实习近平总书记关于人才工作的系列重要讲话精神，学习贯彻中央经济工作会议、全国金融工作会议、省委经济工作会议和全省金融工作会议精神，全面落实市委十二届四次全会、市委人才工作领导小组会议的决策部署，坚持党管金融、党管人才的原则，遵循金融发展规律和人才成长规律，以加快建设独特韵味别样精彩的世界名城、打造新时代中国特色社会主义重要窗口为契机，以"创人才生态最优城市、聚天下英才共建杭州的目标"为主线，以创新金融人才体制机制为动力，以推进金融人才国际化、市场化为突破，大力集聚国内外优秀金融人才，不断优化金融人才发展环境，全面提升人才队伍建设的服务效率和品质，为打造区域性金融服务中心，为实现"到 2020 年建成具有独特优势和地位的金融集聚新高地"的目标,提供坚强的人才保障和智力支撑。

二、发展目标

到 2020 年,争取构建起门类齐全、结构合理、流转顺畅、特色明显的现代金融人力资源体系,大力建设一支数量充足、素质优良、具有核心竞争力的现代金融人才队伍,逐步打造具有国际影响力、吸引力和感召力的现代金融人才高地。

体制机制更加完善。坚持市场主导与政府引导并重的原则,充分发挥市场在金融人才资源配置中的决定性作用,人才供求、价格和竞争机制更加完善。金融机构在人才培养、吸引和使用中的主体作用更加凸显。政府部门在金融人才宏观管理、政策法规制定、公共服务等方面的职能更加强化。由市场、政府共同构建的金融人才评价、流动、激励约束机制更加健全。

规模结构更加合理。坚持传统金融与新兴金融并重的原则。争取到 2020 年全市金融业从业人员达 30 万人。培育金融领军人才 100 名,引进培养在国内外金融业实务界、理论界具有较大影响力或拥有行业领军地位,掌握金融业核心技术,其管理的机构或团队能够填补业态空白,对行业起到良好示范引领作用的"千人计划"、"万人计划"、全球引才"521"计划等重要人才工程中的顶尖人才。培育金融高级管理人才 3000 名。探索构建全市金融机构高管测试认证体系,引进培养担任地区金融机构、类金融机构、金融研究机构、金融行业自律组织的中高层副职以上领导职务的人才。银行业高管 900 名,资本市场高管 900 名,保险业高管 300 名,新金融产业高管 900 名。培育金融青年人才 3 万名。培养从事金融要素市场交易、离岸金融、数字金融、股权投资(VC、PE)、并购投资、保险精算、小额贷款、知识产权投融资、金融研究及财富管理、风险管理等市场急需的业务,具有较高专业素养,工作业绩突出的青年骨干人才。

国际化导向更加明显。坚持对外招引和对内培养并重的原则。加快金融人才跨越式引进,紧扣国际金融科技中心建设步伐,重点从金融业发达地区引进财富管理、云计算、金融云、大数据分析、并购重组、投资银行等国际高端产业人才 800 名。坚持国际化金融人才培养,提升本土金融人才的全球视野和国际化水平,到 2020 年,杭州金融从业人员拥有特许金融分析师(CFA)、英国特许注册会计师(ACCA)、注册金融理财师(CFP)、金融风险管理师(FRM)、特许财富管理师(CWM)、注册国际投资分析师(CIIA)、信息系统审计师(CISA)、北美精算师资格(FSA)、注册财务顾问师(CFC)、注册财务策划师(RFP)、特许理财顾问师(ChFC)等国际资格认证证书达 1 万张。

发展环境更加优越。坚持发展空间和配套服务并重的原则。在钱塘江金融港湾核心区和金融特色小镇(街区)全面推进金融人才管理改革试点,大力健全户籍、税收、住房、社会保障等优惠政策。持续提升人才服务的专业化、社会化水平,逐步完善医疗服务、子女教育、公共交通、文化休闲设施等。进一步推动城市对外开放,提升包容性和吸纳力,金融人才创新创业环境更具竞争力。

三、主要任务

(一)实施金融人才素质提升计划,不断提高党对人才的引领吸纳能力

牢牢把握"党对金融人才工作的统一领导"的要求,从党管金融人才的角度,全面提升金融人才工作站位和觉悟。

1. 做实调查统计

健全金融人才统计制度,加强与金融监管部门、金融行业协会、统计部门的合作,通过政府采购、服务外包等形式,推进金融人才信息服务平台(APP)建设,全面准确获取全市金融系统党员人数、人才规模、行业结构、领域分布,以及金融机构招聘人才需求、金融人才就业需求等数据。

2. 做细数据应用

加大金融人才数据应用开发力度,定期发布杭州金融人才发展报告、杭州金融领域紧缺人才开发目录等,为金融系统党建工作开展,以及金融人才开发、引进、评价和政策制定提供参考。推动金融人才数据向社会开放,引导金融企业、行业协会、中介组织、科研机构共建共享金融人才信息。

3. 做强系统党建

制定出台全市金融行业党建工作实施意见,建立全市金融行业党建综合平台,同时组建金融讲师团。实现对传统持牌金融机构、金融行业协会、新金融龙

头企业的组织整合、人才整合、资源整合。支持基层党组织设置、活动方式创新,注重吸纳高层次金融人才进入党组织,同时在金融行业一线员工中发展党员,健全金融党建人才库。常态化、制度化实施金融系统春训冬训工作,全面提升金融人才综合素质。

(二)实施钱塘金才成长培育计划,不断提高人才队伍的源头供给能力

按照分类、分层和分步培养的思路,构建金融人才立体化培育体系,启动实施"钱塘金才"培育计划,做大做强人才队伍基本盘。

1.大力培育"领军金才"

着眼"高精尖缺",对接"千人计划""万人计划"和全球引才"521"计划,面向国内外知名机构、国际性金融组织、国内外知名大学及研究机构,引进和培养100名我市经济社会发展需要的高层次金融人才。建立健全杭州金融领域急需紧缺人才目录,每半年发布更新一次,引导机构、企业和组织有序引进急需紧缺人才。支持急需紧缺金融人才优先申报中央、省市人才计划,材料可直接报主管部门,不占所在地、所在单位推荐指标。鼓励金融产业用人单位加大柔性引才力度,吸引"候鸟型领军人才"做兼职、顾问。

2.大力培育"高管金才"

联合金融监管部门、金融机构和相关部门探索全市金融机构高管测试认证相关工作。每年遴选1000名有发展潜力的高管,向其提供高端金融人才研修项目,争取用三年时间培养一批了解国内外金融动态和发展趋势、熟悉金融监管要求、具有改革创新意识的高端管理人才。

3.大力培育"青年金才"

联合金融监管部门、金融机构和相关部门,开展钱塘江金融青年大讲坛等系列活动,每年为1万名青年骨干人才提供专题讲座、公开课、"微视频课程"等线上、线下相结合的培训资源。同时拓展青年骨干人才参加大型峰会论坛等活动的渠道和资源。重点支持金融科技、金融交易、创业投资、金融监管等领域青年骨干人才队伍的发展。

(三)实施金融国际人才开发计划,不断提高聚才引才的开放合作能力

顺应国际金融人才流动规律,招引一批在国际上具有重大影响力的高端人才,培养一流的国际化人才队伍。

1.开辟招引海外高层次金融人才的渠道

支持推动金融机构、高校、研究院所在海外开创性设立金融人才工作站。注重开辟"一带一路"沿线国家和地区金融人才新蓝海,发挥金融科技领军优势,鼓励金融机构在开拓海外市场的同时,注重吸引集聚当地的基础数字技术人才、普惠金融推广人才等。支持区、县(市)政府联合金融机构赴伦敦、纽约、法兰克福、东京、新加坡等国际金融中心开展人才招聘。

2.加强金融人才国际化培养培训

鼓励金融机构、企业、研究院所与国际知名金融机构、中介服务机构、高校、研究院所等加强合作,探索与杭州金融发展相适应、符合杭州发展实际需求的国际培训项目和课程。积极引进国际通行金融人才资格认证体系,鼓励金融从业人员参加国际通行金融职业资格认证的培训和考试。把握 CFA 考场落户杭州的契机,积极推动 CFA 协会在杭州设立分会,实现报考率、通过率双提升,为推进城市国际化进程储备金融人才。

3.优化国际金融人才交流合作机制

积极参与浙江·杭州国际人才交流与项目合作大会,持续办好国际金融人才创新论坛,集聚国内外金融顶尖人才共同探讨杭州金融改革之道。搭建国内外金融人才的交流合作平台,办好 Money20/20 全球金融科技创新大会、钱塘江论坛、私募基金西湖峰会等具有一定国际影响力、引领效应突出的峰会论坛。深化与国际金融中心城市的合作,每年分批次派遣高端金融人才、金融高管赴纽约、伦敦、法兰克福、香港等城市开展考察交流。

(四)实施金融人才平台拓展计划,提高人才平台的吸附集聚能力

引进建设一批先进的金融人才研究、培训、创新平台,推动形成吸附集聚金融人才的"强磁场"。

1.搭建研究平台集聚金融高端人才

持续推进钱塘江金融港湾智库建设,聘请国际一流专家学者加入智库,在港湾内汇聚起一批高层次金融专家。支持并推进省市高等院校、金融机构、知名企业及其研究组织共同筹建杭州金融研究院,集聚高端金融研究人员推进金融创新产品论证和风控模型构建等工作。积极支持钱塘江金融研修院发展,力争打造成融高端金融人才培训咨询、理论研究和学术交流为一体的高端研究平台。鼓励金融机构、企业设立金融研究院、金融实验室和博士后流动站等。推进政府与金融机构、高校和研究院所合作,委托开展金融改革创新课题研究工作。

2.搭建培训平台服务金融实践人才

抓住打造财富管理中心和国际金融科技中心的契机,重点培育建设一批接轨国际、覆盖财富管理、私募基金、金融科技等新金融领域的人才培训实践基地。组建校企合作的大学生金融实习基地,为在校大学生群体提供就业前的相关金融培训和实训见习等机会。结合"名校名院名所"建设,发挥钱塘江金融港湾高等教育联盟的作用,每年组织一次高等金融教育论坛,推进高校在人才培养方式方法上的创新。支持国内外知名金融院校来杭设立分校、研究所或合作办学。

3.搭建创新平台支持金融人才发展

着力引进一批推动创新创业的风险投资、创业投资等项目。引导金融机构、金融人才吸引社会资本设立金融人才产业发展相关的股权投资基金,重点支持数字金融、科技监管、风险防控等领域金融人才发展。鼓励银行机构参照浙商银行千人计划人才服务方案的相关标准,为金融人才创新创业提供信用贷款等综合服务。

(五)实施金融人才机制创新计划,提高人才资源的市场配置能力

按照市场规律,加大金融人才发展机制的创新力度,构建起人才管理、流动、评价等为一体的服务机制,激发金融人才创新活力。

1.健全更高效的金融人才管理机制

构建钱塘江金融港湾金融人才管理改革试验区,推进金融人才管理改革试点"增点扩面",选择在核心区和金融特色小镇开展总部金融人才、私募金融人才、财富管理人才、金融科技人才等系列试点,加大改革创新力度,鼓励在金融人才引进、管理服务、政策创新、个人税收、社会评价、成果转换、环境营造等方面先行先试。

2.健全更顺畅的金融人才流动机制

落实《关于杭州市高层次人才、创新创业人才及团队引进培养工作的若干意见》，推进高层次金融人才认定工作，确保高层次金融人才、急需紧缺金融人才享有落户、住房、医疗、子女入学等政策保障。畅通政府金融部门与中央金融监管部门派出机构、金融机构的人员交流渠道，协调金融机构之间人员加强交流、取长补短，开展以挂职锻炼、短期工作为主要方式的人才交流活动。

3.健全更完善的人才评价激励机制

支持杭州市金融人才协会联合金融机构、研究机构和相关高校等开展金融人才评价标准研究。联合市总工会金融工会、杭州日报、权威财经新闻媒体及金融行业协会组织每年评选"杭金工匠""金创团队"等，对为杭州金融改革创新作出贡献的金融人才给予鼓励。

（六）实施金融人才环境优化计划，不断提高人才发展的服务保障能力

着力构建"市场服务＋公共服务＋社会服务"的金融人才服务体系，满足金融机构和金融人才的多样性需求。

1.积极拓展市场服务

大力运用"人才国际化28条"等政策措施，加大引进国内外知名人力资源服务机构的力度。鼓励支持在杭金融机构、高校和研究机构的人力资源部门加强自身建设，全面提升专业素养和业务能力。支持杭州市金融人才协会联合金融机构共同开展金融人才测评、培训、咨询、招聘、薪酬调查等，提升金融人才市场化服务水平。鼓励金融机构与人力资源服务机构、高校、研究院所等加强合作、协同共享，推动建立校园招聘、海外招聘、定向招聘等金融人才市场化配置体系。

2.大力发展公共服务

加强与杭州人才市场合作，完善杭州人才网金融人才招聘专栏功能，为金融人才引进、政策咨询、培训交流提供专业化、公益性服务。拓展杭州市金融人才协会服务功能，举办金融人才沙龙、联谊会、专家论坛、专题讲座、人才培训等活动，促进不同领域不同行业金融人才的交流。探索建立相关部门，区、县（市）政府与在杭高校、研究院所、金融机构、重点企业的常态化联系机制，健全完善网格化的服务网点,为高层次人才及时解决落户、医疗、社保、购房、子女教育、证照办理等方面遇到的实际困难。

3.持续完善社会服务

通过政府采购、财政补贴等政策手段,鼓励支持社会组织、行业协会、高等院校为金融人才提供多样化的社会服务。引导金融智库、研究机构、行业协会、社会组织按照问题导向和应用导向的要求,开展金融人才的前瞻性、针对性、储备性政策研究。强化人才优先的投入导向,支持创投机构、金融机构加大对金融人才项目投资。

四、工作步骤

(一)计划启动阶段(2018 年)

(1)完成杭州金融产业人才发展三年行动计划。

(2)开展全市新金融党建调查研究工作,完善杭州新金融行业党建情况报告。

(3)完善调整杭州高层次金融人才分类目录,常态化开展金融人才认定工作。

(4)制定金融专业人才培养重点领域分类目录。

(5)签约落户特许金融分析师(CFA)杭州考点,举行 CFA 资格认证考试。

(6)举办 Money20/20 全球金融科技创新大会、钱塘江论坛、杭州湾论坛等国际论坛峰会。

(7)举办浙江·杭州国际人才交流与项目合作大会金融集聚区建设及金融人才创新发展论坛,成立钱塘江金融港湾智库。

(8)成立钱塘江金融港湾金融科技实验室等科研场所,集聚金融科技领域人才。

(9)组织开展"杭金工匠"评选及系列宣传活动。

(二)全面实施阶段(2019 年)

(1)制定出台全市金融行业党建工作实施意见,建立全市金融行业党建综合平台,健全金融党建人才库。

(2)健全调统机制,启动金融人才信息服务平台(APP)开发。

(3)研究制定杭州金融人才发展报告、金融领域紧缺人才开发目录。

(4)研究制定金融人才评价标准,启动实施"钱塘金才"培育计划,联合金融监管部门探索构建全市金融机构高管测试认证体系。

(5)成立CFA协会杭州分会,积极配合CFA协会在杭组织考试。争取其他有国际影响力的金融资格证书考试中心落户杭州。

(6)组建杭州金融人才实训实习基地。举办高等金融教育论坛,组织开展金融专业理论培训。

(7)持续办好国际化高端金融峰会论坛、国际金融人才创新发展论坛等活动,进一步加强充实钱塘江金融港湾智库力量。

(8)启动金融人才管理改革"增点扩面"工作。

(9)做好高层次金融人才认定工作及国家省市重点人才计划推荐工作,开展"杭州金匠"评选宣传工作。

(三)深化提升阶段(2020年)

(1)推进全市金融行业党建工作,组织金融党员人才开展春训冬训工作。

(2)全面实施"钱塘金才"培育计划,建立国际金融人才培训项目和课程体系。常态化开展金融人才专业理论培训。

(3)加大与日内瓦、香港等城市金融人才合作力度,启动赴国际金融中心城市开展人才招聘工作,建立杭州境外金融人才工作站,引进国际知名金融人才服务机构。

(4)上线启用金融人才信息服务平台,发布杭州金融人才发展报告。

(5)持续办好Money20/20全球金融科技创新大会、钱塘江论坛、杭州湾论坛、国际金融人才创新论坛等。

(6)举办金融人才管理改革试点阶段性总结会议。

(7)加强与金融研究院所的联系,推动杭州金融研究院筹建。

(8)组织金融产业人才发展三年行动计划全面绩效评估。

五、保障措施

(一)加强组织领导

坚持党管人才原则,研究建立杭州金融人才工作联席会议制度,形成统分结合、纵向联动、横向联合、协调高效、整体推进的金融人才工作机制。坚持"人才是第一资源"的工作理念,全力推动重大人才政策有效落地,确保金融人才系列计划有序开展,加大金融人才招引培育力度。加强与中央派驻金融监管部门,各市直相关部门,区、县(市)政府的协调沟通,建立金融人才工作信息共享、联动推进工作机制。充分发挥杭州市金融人才协会的作用,加强与金融机构、企业及金融相关协会、研究智库的沟通联系,共同推动杭州金融人才工作发展。

(二)加强资金保障

加强市本级和区、县(市)金融人才工作力量配备,通过开展业务培训、政策宣讲、调查研究等方式,提升金融人才工作队伍的专业化能力。积极申请金融人才工作专项经费,研究制定全市金融人才系列政策的专项支持办法,落实钱塘金才成长培育、金融国际人才开发、金融人才平台拓展、金融人才机制创新等计划资金扶持。鼓励金融机构、企业及相关高校加大对金融人才工作的资金投入力度。

(三)加强工作评估

研究制定金融产业人才发展三年行动计划实施进度绩效评估办法,确定评估工作基本原则、使用范围、指标体系、评估模式及结果应用等机制。采取购买服务方式,引进第三方评估机构,对计划中金融人才发展主要任务、系列子计划实施落实情况开展专业性、独立性强的科学评估,确保各项举措落实到位。

关于浙江金融业扩大对外开放的思考和建议

中国人民银行杭州中心支行

一、浙江金融业对外开放的现状

自改革开放特别是加入 WTO 以来,浙江紧跟金融业对外开放大潮,在扩大金融业开放方面取得了积极成效,但总体来看,浙江省外资金融机构的资本实力、市场份额和机构种类等方面仍显不足。

(一)银行业金融机构是开放主力,但机构数量偏少

在"引进来"方面,目前在浙外资银行有 14 家,分支机构网点总数 28 个,主要分布在杭州(20 个)、宁波(7 个)和绍兴(1 个);外资参股城商行 2 家——宁波银行和杭州银行分别引进了新加坡华侨银行和澳洲联邦银行作为战略投资者;外资参股村镇银行 4 家——富登金融控股私人有限公司在宁波参股了 4 家中银富登系列的村镇银行。在"走出去"方面,浙商银行于 2018 年 4 月设立了香港分行,是浙江省第一家"走出去"的金融机构,也是 12 家全国性股份制银行中第 6 家在港设立分行的机构。

总的看,浙江省外资银行的机构数量明显偏少,法人银行机构甚至处于空白状态,相对落后于上海、广东、江苏等省(市)。上海作为国际金融中心共有 87 家外资银行,仅外资法人银行就有 20 家;江苏省外资银行 26 家,机构网点近 80 个;广东省吸引了来自全球 19 个国家(地区)的 54 家外资金融机构在辖内设立了 250 多个机构网点,是全国外资银行分支机构数量最多的省份。

(二)外资银行业务大幅增长,但市场份额偏低

在浙外资银行从无到有,其资产和存贷款规模得到了大幅增长。2017 年

末,在浙外资银行资产规模 603.8 亿元人民币,2008 年以来年均增长 17%(高于全省银行业资产平均增速 1.8 个百分点);各项存款余额 463.1 亿元,贷款余额 362.6 亿元,2008 年以来分别年均增长 21.6%、21.1%,分别高于全省存贷款平均增速 8 个百分点、7.6 个百分点。如表 1 所示。

表 1　浙江、上海、广东、江苏四省市外资银行发展情况对比

	外资银行数/家	外资银行本外币存款占比/%	外资银行本外币贷款占比/%
浙江	14	0.46	0.41
上海	87	9.05	6.93
广东	54	1.91	2.49
江苏	26	0.8	0.87

但外资银行的资产规模和存贷款规模在银行业中的占比都很低。2017 年末,全省外资银行的资产总额占全省银行业资产总额的比重仅 0.44%;各项存款和各项贷款也仅占全省的 0.46% 和 0.41%,明显低于上海(9.05% 和 6.93%)、广东(1.91% 和 2.49%)和江苏(0.8% 和 0.87%)。

(三)其他金融领域有所拓展,但机构种类尚不齐全

在银行业以外的其他金融领域,浙江省的外资保险相对发展较快。全省已有外资财产保险公司 7 家,2017 年原保险保费收入 7.09 亿元,占全省的 1.08%;外资人寿保险公司 16 家,2017 年原保险保费收入 72.5 亿元,占全省的 6.1%。另外,在汽车金融(如裕隆汽车金融)、消费金融(如杭银消费金融)、私募基金投资(如中银投资浙商产业基金、摩根士丹利股权投资管理有限公司)等领域也有少量外资机构,宁波还有一家外资保险资管公司(永诚保险资产管理公司)。

在支付清算领域已启动引入外资,美国运通公司和连连集团拟合作在浙江设立银行卡清算机构,人民银行总行已受理其设立申请;还有一家境外支付机构(PingPong)表达了在杭设立支付机构的意向。

而在券商、公募基金、信托、金融租赁等领域,目前外资机构在浙江省尚属

空白,浙江第一家合资券商(温州众鑫证券股份有限公司)正在筹备。对比之下,上海拥有中银国际、东方花旗、摩根士丹利华鑫等12家中外合资券商中的5家;广东近年来利用前海自贸区改革成功引入了汇丰前海、东亚前海、恒生前海基金管理有限公司等外资金融机构;中外合资的江苏金融租赁公司则是国内首家上市金融租赁公司。

二、新一轮金融业对外开放将给浙江省经济金融的发展转型带来机遇

浙江开放型经济发达,民营经济和小微企业活力迸发,同时近年来以信息经济为代表的新经济发展突飞猛进,为金融业扩大开放提供了强大的经济基础支撑。对于浙江省而言,金融业新一轮对外开放是弥补金融业短板,提升金融业发展水平,推动金融强省建设的重大机遇,也是助推浙江经济对外开放大局,促进"两个高水平"发展的重要时间窗口。

(一)有利于丰富金融业态,进一步推进金融强省建设

一方面,能弥补外资金融短板。通过引入外资金融机构,不仅可以弥补浙江省外资金融机构在数量、种类、业务规模、市场份额等方面的相对劣势,也可以有效补充浙江省在直接融资、资产管理、金融中介服务等领域的相对不足,构建更加多元、更加完善的金融体系。另一方面,能增强地方金融机构资本实力。浙江金融发展水平总体处于全国前列,主要金融指标位居全国前3位,但也存在法人金融机构资本实力较弱的问题。特别是近年来,地方法人银行资产规模扩张叠加不良贷款消化等,导致资本占用(或耗用)较大。新一轮金融开放将扩大开放领域,取消或放宽外资持股比例限制,为地方金融机构吸引国际资本、增强实力提供了契机。

(二)有利于扩大跨境投资和贸易,支持高层次开放型经济发展

一是助力招商引资工作。一个地区金融外向度高、外资金融机构集聚,会增加对优质外商的吸引力,促进开放型经济发展。长期以来,浙江是外贸大省,

2017 年浙江省实际利用外资在全国排名第六,但与广东和江苏相比,在吸引外资方面仍存在一些差距。浙江到 2020 年要初步建成高质量外资集聚地,也要走在发展更高层次开放型经济的前列,而金融业扩大对外开放可以为之提供强大动力和坚实支撑。

二是支持发展更高水平的国际贸易和投资。近年来,浙江省市场主体对外贸易和投资更加便利化,但随着"走出去"步伐的加快又派生出更多、更高的金融服务需求。外资金融机构在全球范围内拥有更加强大的服务网络和服务能力,在完善跨境投融资服务、全球化资本运作及提供综合性服务等方面具有独特优势,对于推动浙江省市场主体高效利用两个市场两种资源,确立引进来与走出去并重的国际投资格局,将产生积极助推作用。

(三)有利于推动金融改革创新,助力发展新兴金融业态

浙江作为全国区域金融改革试点项目最多、内容最丰富的省份,近年来开展了宽领域、多主题的改革探索。通过借鉴国际先进经验,加强技术合作,可以有效提升浙江省金融服务创新能力,进一步丰富金融改革成果。如台州银行与世界银行合作,引进欧洲先进的微贷技术,促进了小微金融服务模式的成熟化与标准化。与此同时,扩大金融业对外开放也是浙江打造新经济大省和新金融中心的必然要求。国外风险投资体系起步较早,在整体实力、投资经验、资源调动上都具有一定的优势。浙江省要打造新经济大省,建设新金融中心,就必须进一步扩大金融开放,更多地引入国际风险投资、资产管理等专业服务机构。

(四)有利于完善浙江金融业公司治理结构,促进金融治理体系现代化

从浙江省开放实践来看,宁波银行和杭州银行分别于 2005 年和 2006 年成功引入境外战略投资者,外方不仅与国有资本、民营资本形成了相互制约、相互监督的良性股权结构,在完善组织架构、转变经营理念、提升风控管理水平等方面也发挥了重要作用(见表 2)。

表 2　宁波银行和杭州银行引进战略投资者情况

	宁波银行	杭州银行
战略投资者	新加坡华侨银行	澳洲联邦银行
投资情况	投资占比 20%，与国有股本并列最大股东。	投资占比 17.996%，最大单一股东。
外方作用	战略合作：华侨银行为宁波银行提供风险管理、内部审计、零售银行、资金运营、人力资源、信用卡以及 IT 等方面的技术支持和业务支撑。	战略研讨：确定"打造中国价值领先银行"的发展战略。
	资本补充：华侨银行参与了宁波银行历次的核心资本补充。	股权结构完善：形成了多个利益主体相对分散却相互制衡的股权结构，奠定了良好公司治理的坚实基础。在财政资本相对控股的情况下，境外战略投资者与国内民营资本相互监督、相互促进。
	深度合作：双方共同设立永赢基金等法人机构，并在跨境金融、私人银行、资本市场、人力资源等各方面开展深度合作。	技术输出和人员交流：完成技能转移项目 44 个，项目涵盖市场、信贷、资金、财务、信息技术、管理、战略规划等多个方面；境外战略投资方在董事会中占据席位，并派高管、专家担任相关职务。

三、有关对策建议

近期，"一行两会"已经公布受理全国首家外资支付机构（世界第一公司）和合资保险资管机构（工银安盛），以及 3 家外资控股证券公司（瑞银证券、野村证券、摩根大通）的申请，表明我国金融业新一轮全面开放已正式拉开帷幕。下一步，浙江省应审时度势、多方联动、积极应对，抢抓我国新一轮金融开放机遇，扩大金融开放红利。

(一)完善机制,加强对浙江省金融对外开放的组织领导

一是建立完善领导和保障机制,将引进外资金融机构作为浙江省招商引资工作的重要内容和重点工程,整体设计,分头推进,明确各部门的工作职责和各市地的任务。建议成立省领导牵头、相关部门负责人参加的工作专班,在省委、省政府的统一领导下,各市地政府和商务部门、金融部门、金融机构合力推进。二是建立完善专家顾问制度,聘请国际金融领域专家组建顾问团队,定期碰头交流研究,为浙江省引进国际金融机构牵线搭桥、出谋划策。三是建立完善对外宣传机制。制作面向全球的专题片或平面宣传资料,有针对性地利用主流媒体宣传浙江经济金融发展的雄厚基础、独特优势和未来前景,让浙江走进世界、世界更加了解浙江,加大对国际金融机构的吸引力。

(二)明确重点,着力在三方面实现金融对外开放的"率先突破"

浙江毗邻上海,上海凭借国际金融中心建设的国家战略定位,在吸引大型外资银行和证券公司总部方面具有得天独厚的优势。浙江省应实施精准发力、错位互补的引进策略。一是结合钱塘江金融港湾建设、基金小镇发展规划,大力吸引境外各类基金公司、投资管理公司、风险投资公司等权益类投融资机构落户浙江,优化浙江省融资结构。二是结合金融服务薄弱环节,重点引进在小微金融、绿色金融、普惠金融、财富管理等细分领域具有专长的国际金融机构。三是结合浙江省新金融中心战略规划和科技金融发展优势,积极引入第三方支付、清算结算、征信等各类金融中介机构,以及外资金融机构的数据处理、信息储存等后台服务中心。

(三)服务实体,始终强化服务开放型经济发展的定位

金融开放应服务实体经济发展、服务开放型经济发展,使金融开放与经济发展互为促进、良性互动。一是重点服务浙江省重大经济发展战略和实体经济发展,在服务中共享浙江省经济改革红利和经济转型发展红利。二是紧密结合浙江省贸易新业态发展。通过金融开放,积极探索跨境投融资便利化改革和资本项目可兑换,加强对跨境电商综试区、eWTP(电子世界贸易平台)、市场采购

和海外仓等贸易新业态、新模式的金融支持。

（四）发挥优势，积极调动各方力量支持金融对外开放

一是利用好浙江省在外贸、外资和外经工作上的优势与平台，以"一带一路"枢纽建设为统领，不断深化跨境金融业务合作、机构合作和资本合作，统筹推动本土金融机构"走出去"与境外金融机构"引进来"。二是利用好浙江省外贸大省、民企海外投资活跃的优势，以及浙江省跨国大公司、大平台的全球影响力，鼓励阿里巴巴、吉利、万向等在引进外资金融机构中发挥积极作用。三是利用好浙江省区域金改的平台优势，地方政府要结合各区域金融改革主题，联动推进金融招商引资工作。如浙江自贸试验区建设以油品全产业链为核心吸引更多外资金融机构参与，逐步活跃油品交易，在不断扩大交易规模的基础上，提高人民币在交易中的结算份额。

（五）细化政策，进一步营造浙江省良好的营商环境

坚持互惠互利的开放原则，继续深化"最多跑一次"等改革，进一步优化营商环境。一是调查摸清上海、深圳等地金融业招商引资的相关政策，借鉴完善浙江省财税、土地等政策措施。二是完善个税、住房补贴、社会保障等外籍人才政策，优化医疗服务、子女教育、公共交通、文化休闲等公共配套服务设施，使海外高层次金融人才愿意来、留得住。三是建立健全社会信用奖惩联动机制，营造诚实、守信的商业信用环境，培育和规范信用服务市场，为更好地吸引海外金融资本提供良好的信用环境。

附件

新一轮金融领域的 11 项开放措施及时间表

开放领域	开放内容	此前相关规定
银行业	（未来几个月）1.取消银行和金融资产管理公司的外资持股比例限制，内外资一视同仁；允许外国银行在我国境内同时设立分行和子行。	原外资持股比例限制，单个境外金融机构及被其控制或共同控制的关联方作为发起人或战略投资者向单个中资商业银行投资入股比例不得超过 20%，多个境外金融机构及被其控制或共同控制的关联方作为发起人或战略投资者投资入股比例合计不得超过 25%。
	（年底前）2.对商业银行新发起设立的金融资产投资公司和理财公司的外资持股比例不设上限。 3.大幅度扩大外资银行业务范围。	原外资银行经营范围：(1)外商独资银行、中外合资银行可以经营许可范围内的外汇业务和人民币业务(包含银行卡业务)；(2)外国银行分行可以经营许可范围内的外汇业务以及对除中国境内公民以外客户的人民币业务，不可以开展银行卡业务，可以吸收中国境内公民每笔不少于 100 万元人民币的定期存款。
证券业	（未来几个月）1.将证券公司、基金管理公司、期货公司的外资持股比例上限放宽至51%，三年后不再设限。 2.不再要求合资证券公司境内股东至少有一家是证券公司	原外资持股比例限制，境外股东持股比例或者在外资参股证券公司中拥有的权益比例，累计(包括直接持有和间接控制)不得超过 49%。但 2018 年 3 月 9 日最新发布的《外商投资证券公司管理办法（征求意见稿）》已修改为"境外股东持有(包括直接持有和间接控制)外商投资证券公司股权比例，累计不得超过我国证券业对外开放所作的承诺(即上限 51%，且三年后不设限)且原则上不得低于 25%。内资证券公司依法变更为外商投资证券公司的，境外股东持股比例下限不受 25%的限制"。
	（年底前）3.不再对合资证券公司业务范围单独设限，内外资一致。	《外资参股证券公司设立规则》仅规定外资参股证券公司可以经营以下几方面的业务：一是股票(包括人民币普通股、外资股)和债券(包括政府债券、公司债券)的承销与保荐；二是外资股的经纪；三是债券(包括政府债券、公司债券)的经纪和自营。由于业务范围将实现内外资一致，未来外资证券公司将在证券经纪、投资咨询、财务顾问、证券自营、证券资产管理等业务方面有较大的发展。

开放领域	开放内容	此前相关规定
保险业	(未来几个月)1.将人身险公司的外资持股比例上限放宽至51％,三年后不再设限。 2.允许符合条件的外国投资者来华经营保险代理业务和保险公估业务。 3.放开外资保险经纪公司经营范围,与中资机构一致。	2018年保监会最新修订的《外资保险公司管理条例实施细则》(保监会令〔2004〕4号)要求"外国保险公司与中国的公司、企业合资在中国境内设立经营人身保险业务的合资保险公司(以下简称合资寿险公司),其中外资比例不得超过公司总股本的50％",但并未对财产保险公司外资占比上限进行要求,因此本次提高人身险公司的外资持股上限意味着保险企业外商持股限制已完全放开。
	(年底前)4.全面取消外资保险公司设立前须开设两年代表处要求。	
其他	(未来几个月)进一步完善内地与香港两地股票市场互联互通机制,从5月1日起把互联互通每日额度扩大四倍。	
	(年底前)鼓励在信托、金融租赁、汽车金融、货币经纪、消费金融等金融领域引入外资。	

杭州居民杠杆特点、成因及对策研究

浙江银保监局

随着杭州经济的快速发展,居民收入水平不断提高,居民的消费观念也随之改变,特别是受房地产价格快速上涨等因素影响,居民主动"加杠杆"现象比较明显,带来一定的潜在风险隐患。

一、当前杭州居民杠杆基本情况及特点

近年来,伴随着消费升级特别是杭州房地产市场持续"火热",杭州辖内居民杠杆率持续攀升,对风险防控和扩大消费都带来巨大挑战。截至 2018 年 6 月末,杭州居民杠杆率[①]为 88.6%,比全国、浙江省平均水平分别高出 36 个、15 个百分点,同比上升 12 个百分点,远超 IMF 给出的 30% 的警戒线。全市居民杠杆率逼近家庭所能承受极限,对消费已形成挤出效应,拖累了结构性去杠杆的进程和经济发展,带来较大的隐忧,并呈现出三个方面特点。

(一)居民杠杆率处于阶段性历史高位

杭州居民杠杆率 2015 年以前与全省居民杠杆率基本一致,2016 年以来,居民杠杆率持续攀升,该指标连续刷新历史新高,2018 年 3 月末达到 90%,超过国际货币基金组织给出警戒线的 3 倍,其中住房按揭和个人消费贷款快速增长是推高居民杠杆率的直接原因。进入二季度,居民杠杆率开始回落,环比下降 1.4 个百分点。上半年,杭州住户贷款(人行口径,下同)新增 1734 亿元,接近于 2017 年全年的新增量,是 2015 年全年新增量的近 2 倍。其中,住户短期

---

① 居民杠杆率=住户贷款/GDP×100%。

贷款、中长期贷款分别比年初增加 1033 亿元、701 亿元,同比增长 58.84%、22.59%,远高于全市贷款的同比增速17.77%。6 月末,杭州辖内住户存款余额 9633 亿元、住户贷款余额 11263 亿元,住户贷款超过住户存款 1630 亿元,两者比例高达 116.92%,与之形成鲜明对比的是 2016 年初杭州住户贷款与住户存款之比仅为 76.92%。今年上半年全市住户存款比年初增加 993 亿元,住户贷款比年初增加 1734 亿元,新增量两者比例仅为 57.26%,而 2017 年 3 月末,杭州住户存款与住户贷款新增量之比为 92.91%。如图 1 所示。

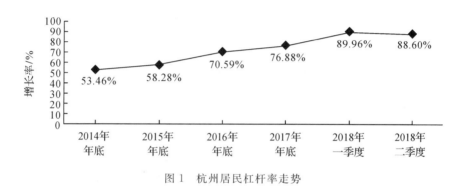

图 1　杭州居民杠杆率走势

(二)住房贷款占据家庭债务比重较大

2017 年以来,杭州采取了系列房地产调控措施,与此同时,居民买房热情持续高涨,甚至部分非住房贷款流入房地产。居民杠杆率并未明显控制,"加杠杆"需求旺盛。房地产持续上涨是居民杠杆率再创历史新高的主因。6 月末,全市住房按揭贷款(银监口径,下同)余额 6382 亿元,比年初增加 424 亿元,比去年同期增加 885 亿元,同比增长16.11%,住房按揭贷款余额是同期宁波的近两倍。今年上半年全市住房按揭贷款增速有所回落,但贷款占比仍高达19.57%。此外,居民短期贷款增速(58.84%)高于中长期贷款增速(22.59%),说明一些家庭持有的现金、银行储蓄、金融资产等流动性资产趋紧,需要借短期贷款补贴流动性。与此同时,像蚂蚁借呗、京东白条等网络消费借款以及大量网络小贷迅速增长,且尚未统计到银行短期贷款中,若考虑上述债务,杭州居民家庭债务杠杆应更高。如图 2 所示。

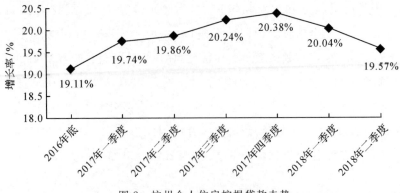

图 2　杭州个人住房按揭贷款走势

(三)个人消费成为居民杠杆率上升的潜在领域

6 月末,杭州辖内个人贷款(不含个人经营性贷款)余额 8981 亿元,同比增长 32.56%,高于同期各项贷款增速 14.79 个百分点,占同期各项贷款增量的 41.74%。其中,居民短期消费贷款(人行口径,下同)增势强劲,同比增加 1086 亿元,增速 112.94%,高于去年同期增速 90 个百分点。居民消费贷款余额合计 8803 亿元,同比增速 30.11%,高于同期贷款增速 12.3 个百分点(见图 3)。上半年,全市社会消费品零售总额 2673 亿元,同比仅增长 10.0%。据此可以判断,居民短期消费贷有相当大一部分没有用于消费,很可能转道进入楼市、股

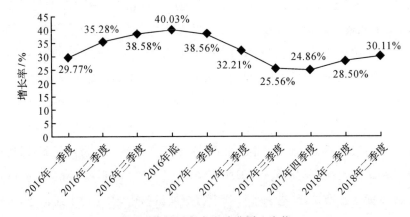

图 3　杭州居民个人消费同比走势

市等重点调控领域,其中缘于 2017 年杭州限制高价新盘网签,按揭贷款周期拉长,开发商回款速度下降等因素,很多开发商对于全款买房给予优惠,导致很多居民选择消费贷款用于全款买房,此举进一步加速信用风险集聚,并对实际消费需求形成挤出效应。

二、居民杠杆率偏高成因分析

(一)预期收入增加及消费习惯改变是居民加杠杆的主要动因

对于大部分家庭而言,劳动收入是家庭最重要的收入来源。近年来,杭州的经济发展水平逐年提高,人民生活水平也快速提升,全市居民收入居全省首位。6 月末,全市居民人均可支配收入 29804 元,同比增长 8.6%,高出全省人均可支配收入的 23.43%。尤其是在"后峰会、前亚运"的特殊时段,居民的当前收入和未来预期收入的不断提高,使家庭主动借贷的意愿愈加强烈,也是居民家庭债务不断升高的一个重要因素。居民收入增加的同时,投资意识、能力也在不断提升,随之带来了消费习惯的改变和消费观念的升级,主动负债进行投资获得资产收益,或者用一部分未来的钱提前消费,无形之中助推了居民加杠杆的意愿。

(二)房价上升助推家庭债务升高

由于个人购房贷款占家庭总债务的绝大部分,所以居民债务对房地产市场的变化十分敏感。近年来,杭州住房价格涨幅大于居民收入涨幅,而且因刚性需求和看涨预期,家庭愿意承担高房贷,从而导致房价与收入差距不断扩大,部分居民只能依靠更多的按揭贷款来购买房屋,客观上推动了居民杠杆率的升高。而房地产趋热又带动了房地产消费需求、投资需求以及投机需求的进一步提高,从而使大量资金转移至房地产市场,形成恶性的房价上升循环,造成对实体经济投资和消费的"挤出效应",影响经济的健康发展。

(三)金融工具多样化为居民加杠杆提供了途径

一方面是银行的贷款产品和模式在不断创新,当企业贷款的收益与成本差额较低时,银行更有动力投放收益更高的消费信贷。另一方面,除了银行提供的贷款,还有大量无法统计、隐性的民间借贷,尤其是近几年快速发展的网络小额贷款也增加了居民加杠杆途径,如蚂蚁借呗、腾讯微粒贷等基于互联网金融的按日计息的借贷产品,相当于个人额度 30 万以下的短期消费贷款。蚂蚁借呗对外公布其在上线一年内就累计发放消费贷款 494 亿元。

三、居民加杠杆带来的主要风险问题

(一)加剧房地产市场风险集聚

居民负债快速上升主要集中在房地产领域,有引发房地产泡沫的隐忧,特别是在房价下跌预期强烈的背景下,一旦房价下跌将带来深远影响,须保持警惕。去年以来杭州本地房地产限购限贷和利率政策收紧,导致居民借道期限短、成本高的消费贷款加杠杆购房,相比住房抵押贷款,披着"新马甲"流入房地产的短期消费贷,进一步加速了楼市泡沫和金融风险的积累,对后续房地产领域走势和潜在风险形成较大压力。在当前去杠杆的大背景下,如果力度和节奏掌握不好,一旦房地产价格大幅下跌,将使前期积累的泡沫集中破灭,不仅会对家庭的流动性造成强烈冲击,也会成为社会的不稳定因素。

(二)导致居民抵御风险能力下降

除了房地产因素以外,商品和服务价格的上涨,也进一步导致杭州居民杠杆率持续攀升,加重部分家庭负债,制约居民消费水平的提升,影响全市居民的风险抵御能力。国际货币基金组织在《全球金融稳定报告》中指出,"当家庭债务占 GDP 的比重超过 30% 时,家庭债务的增加会损害一个国家的宏观经济增长"。因此,居民家庭债务快速上升,对实体经济的可持续发展的负面效应也须密切关注。

(三)易传导至银行业并引发系统性金融风险

当前,经济运行稳中有变,面临一些新问题新挑战,外部环境发生明显变化,一些负面因素易通过各种途径传导至银行业,并加快银行业风险的积聚和暴露。特别是随着银行机构不断加大对居民贷款的投放,对房地产行业的依存度和集中度与日俱增。如果房价出现较大波动,或者经济下滑、稳定收入出现波动,居民偿贷能力将受冲击,居民债务风险很快就会显现出来,一旦资不抵债、断供停贷,债务风险就会向银行端转移,银行资产质量也将不断恶化,易产生涉众性的金融危机。

四、相关建议

(一)加强居民去杠杆政策引导

家庭作为数量最庞大的微观经济体,其杠杆率的大增,危害要远甚于企业和政府杠杆率的增加,甚至会对供给侧结构性改革的推进形成需求掣肘。要加强对居民去杠杆的政策引导,管控个人购房贷款的非理性增长,及时提示居民杠杆率风险,提倡"量力而为、量入为出",保持居民家庭杠杆率适度发展。

(二)有效防控房地产领域风险

经过几年的快速上涨,杭州房地产价格水平和居民杠杆水平都已处历史高位,须从家庭、企业、政府多维度推动建立加强楼市调控以及住房制度改革的长效机制,使房地产市场价格向符合价值的方向理性回归,以适度减轻居民的债务负担和偿债压力。要加强对杭州房地产走势和潜在风险的研究,合理引导,稳妥应对。

(三)有效优化居民杠杆结构

一方面,推动信贷资源更有效合理分配,推进金融机构加强个人消费贷款规模管理,落实差别化住房信贷政策,严控信贷资金挪用于购房等加杠杆行为。另一方面,采取个人所得税征收改革等多种手段,增加家庭的可支配收入,改善居民家庭流动性,降低居民加杠杆的意愿。

股权投资基金对浙江省实体经济
的支持作用及发展建议

浙江证监局

股权投资基金起源于 20 世纪 40 年代的美国,1946 年美国哈佛大学教授乔治·多里特在波士顿发起并注资 340 万美元成立美国研究与发展公司(ARD),专门为新兴的企业提供权益性启动资本,被业界认为是全球股权投资基金的首创之举。ARD 的成功促进了私募股权投资在美国的蓬勃兴起,随后迅速扩展到欧洲及亚洲地区。

中国的股权投资活动最早可以追溯到 80 年代中期的政府型基金。以 90 年代中央提出的"科教兴国"战略为肇始,1998 年全国政协会议提出了鼓励风险投资的"一号提案",2005 年国家发改委会同科技部、证监会等十部委发布《创业投资企业管理暂行办法》,2007 年新《合伙企业法》颁布实施,为股权投资引入了灵活便捷的操作机制……一系列政策举措的出台,大力推动了股权投资基金在中国的启动和发展。2013 年,中央编办将包括私募股权、创业投资基金在内的私募基金监管职权调整至证监会。2014 年,证监会启动登记备案与事中事后监管机制,股权投资基金进入快速发展阶段。

截至 2018 年 10 月底,中国证券投资基金业协会(以下简称"基金业协会")已登记私募基金管理人 24267 家,已备案私募基金 74979 只,管理基金规模 12.77 万亿元,其中私募股权、创投基金管理人 14570 家,管理基金 34531 只,管理基金规模 8.81 万亿元。股权投资基金在源源不断为企业注入资本的同时,投资与服务并举,集中市场的资源与力量提升企业治理水平、规范基础与管理能力,推动资本、技术、人才实现有效融合。与此同时,股权投资价值发现与价值培育的市场功能,不断地助推经济结构改革与产业格局重建。作为促进资本形成的有力工具,股权投资基金是多层次资本市场的重要参与方,也是支持实体经济转型升级的重要力量。

一、私募基金对实体经济转型发展的积极作用

（一）助力微观企业成长

1.缓解中小微企业融资难问题

目前，我国中小企业数量超过 1000 万户，占企业总数的 99％，中小企业贡献了全国 60％的 GDP，50％的税收和 80％的城镇就业，是实体经济发展最基础的组成部分。然而，由于中小企业资产规模较小，抗风险能力较差，加之金融体系资金供给方与需求方的信息不对称性，加剧了金融交易时的逆向选择和合约执行中的道德风险，导致以信贷资金分配为主要表现形式的间接融资体制难以满足中小企业发展所需的资金和资源。而以创业投资为代表的股权投资基金基于融资成本较低、周期较长、投融资双方深入互动的优势，为没有能力参与间接融资市场和银行活动的大量中小企业提供了有效的资本融通渠道。

基金业协会数据显示，截至 2018 年二季度末，私募股权与创业投资基金在投项目中，投向中小企业项目 4.51 万个，在投本金 1.43 万亿元，分别占在投项目总数和在投本金的 66.94％和 28.55％；投向种子期与起步期项目 3.38 万个，在投本金 1.66 万亿元，分别占在投项目总数和在投本金的 50.2％和 33.13％。可以说作为企业股本市场化补充机制的股权投资基金，在解决经济发展中遇到的融资结构失衡等瓶颈问题，引导民间资本规范流入实体企业等方面，发挥了举足轻重的积极作用。

根据清科研究中心数据显示，仅 2017 年，股权投资基金和创业投资基金新募集资金高达 1.6 万亿元，新投资项目约 9000 个，为企业新提供直接融资近 1.1 万亿元。即便是在当前金融去杠杆带来社会流动性全面紧缩的背景下，股权投资基金仍然积极发挥资本有效性，潜心发掘优质企业，为中小企业提供助力成长的资金支持。2018 年上半年，股权投资基金早期投资案例数虽有所下降，但投资金额仍呈现增长趋势。如图 1 所示。

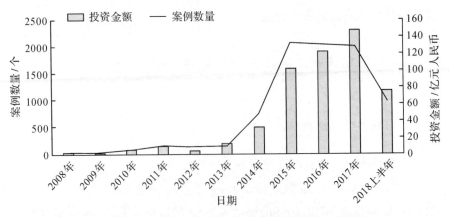

图 1　2008—2018 年全行业早期投资案例及投资金额情况

2.助力企业成长和发展

随着市场与政策环境的变化,企业从前仅依靠资金资源、政策资源、人脉资源即可发展的时代已经结束,能力与团队建设成为新的必要条件。然而实践中,一些企业特别是高新技术企业,由于创业者多为技术人员,尽管在研发方面较为擅长,但在企业的日常经营管理、内控与内部治理、科研成果的转化及市场拓展与推广方面,普遍缺少一定的能力与经验。

与银行贷款以取得固定利息为目的不同,股权投资基金的投资风险、收益水平与被投企业的发展情况紧密相连,而且与银行对放贷企业的泛泛评估不同,股权投资基金往往从某一行业领域根植起家,在熟悉的行业积累了较多的管理和经营经验。因此,在为企业注入资金,优化企业资产负债结构的同时,可以运用其专业的管理经验和丰富的市场资源,帮助企业制定发展战略,合理规划公司财务,有效进行市场营销,使得企业特别是浙江的民营企业,能够成功克服创业经验不足、经营理念不成熟、成长路径不清晰、产业资源缺乏等掣肘,实现企业价值成长与机构投资成功的双赢。

无论是境内还是境外,股权投资基金支持企业成长壮大的案例比比皆是,众多优秀企业的背后都有股权投资基金的身影。从 2017 年 1 月到 2018 年 10 月,浙江省共有 102 家公司在境内首发上市,其中获得私募股权投资的公司有 66 家,PE/VC 渗透率高达 64.71%。可以说,没有股权投资基金的积极投资和项目培育,这些企业不可能在短时间内符合规范性、成长性的要求,从而顺利地进入资本市场。

3.成为企业生命周期的同行者

在技术变革日新月异的当今社会,企业发展的高度和生命的长度很大程度受制于对市场把握的深度与认知的广度,实践中大多数企业往往在自己熟悉的领域深耕细作,不乏"埋头拉车"的专注,却缺少"抬头看路"的格局。针对团队优秀且发展潜力大的优秀企业,越来越多的私募基金选择了多轮投资、持续支持,将"PE的眼光"与"投行的方法""副董事长的角色"有机集合,有效激发和保护企业家精神,持续的"资本+智本"输入,帮助企业审慎评估转型发展的路径选择,实现全产业链模式的价值赋能。

在许多卓越企业身上都能看到优秀机构股东长期相伴的案例。在这些机构股东的帮助下,企业或是更为规范化地运作,或是有了更多的合作伙伴,或是有了更清晰的战略规划,或是更早地实现证券化。到了企业逐步步入成熟、面临转型的关键期,并购基金帮助企业通过横向并购获取规模经济、纵向并购获取产业链经济、混合并购实现多元化战略和业务转型。据统计,最近三年并购基金参与的并购重组交易额达5.8万亿元。在企业成长和产业发展周期的不同时点,天使投资、创业投资、股权投资、并购基金等的参与成为企业长期资本形成的最有效方式,同时也构建了私募股权投资的完整链条。从2017年中国

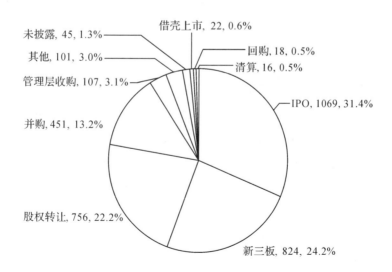

图2　2017年全行业退出情况

股权投资市场的退出方式分布可以看出,并购退出成为继 IPO、新三板和股权转让之外,最灵活高效的退出方式(见图 2)。

(二)推进经济结构转型升级

1. 培育新的经济增长点

当前,全球经济已进入以信息化、智能化为主导的新经济发展周期,新经济蕴含着大量创新需求,创新活动意味着持续不断的研发投入,特别是在创新活动的早期,投入产出不对称,项目连年亏损是常态。与银行贷款等间接融资对项目的评判标准迥异,股权投资基金作为权益性长期资本投资,是基于对行业、技术、团队的综合分析,判断企业未来发展的价值,可以为企业提供大量研发资金,保证企业在技术竞争的过程中能够持续投入。同时,由于创新活动的结果具有高度不确定性,只有具有高度容错性的私募基金行业,才能集聚足够多的风险资本金,从高度不确定中筛选出成功概率较高的企业,形成新的经济业态和创新路径。

从境外成熟市场经验看,股权投资基金有效推动了科技创新,美国微软、谷歌、苹果、Facebook 等高新技术企业,都是在股权投资基金的支持下迅速发展成长,成为国际知名企业。以色列这个只占全球 0.2％人口的国家,却包揽了20％的诺贝尔奖项,已经被公认为世界科技创新的新焦点,这一切都离不开创投产业的助力。

基金业协会数据显示,截至 2018 年二季度末,互联网等计算机运用、机械制造等工业资本品、医疗器械与服务、医药生物、原材料等新经济代表领域成为股权投资与创业投资基金布局重点,在投项目 3.98 万个,在投本金 1.89 万亿元,资本与产业的有机结合有力推动了新经济增长。近年来,浙江省委、省政府出台了一系列支持创业投资持续健康发展,推动大众创业万众创新,加快推进经济转型升级、提质增效的政策措施,着力打造以特色金融小镇与创新企业孵化器为代表的众创空间、资本高地,在汇聚支撑新经济发展的供给侧要素,提升区域创新创业活力等方面取得了一定的积极成效。根据清科研究中心数据,2017 年,互联网、电信及增值业务、IT 投资案例总数与投资金额合计分别占据浙江省早期投资的 54.8％和 61.4％,浙江时空电动汽车有限公司、杭州嘉楠耘智信息科技有限公司、杭州虚拟现实科技有限公司等全球领先的新兴产业领跑者与细分行业的龙头受到了私募股权投资等机构投资者青睐，其中不乏本土优秀投资机构。

2.促进动能转换与产业升级

通过社会化的资金募集及市场化的投资管理，股权投资基金作为积极的投资人，科学地评估企业成长潜力与发展效率，以资金作为选票，发挥资本这一要素的流动性、灵活性和敏感性，迅速捕捉因信息不对称、产品差异、市场不完善等带来的市场机会，将稀缺的金融资源投给社会最需要发展的产业以及这个产业中最有效率的那部分企业，最大限度地提高金融资源的配置效率。为此全国人大财政经济委员会副主任委员吴晓灵曾总结：中国不缺技术、企业家、投资者等要素，缺的是能够将各类要素进行有效组合配置的金融工具，而股权投资基金正是其中一种能够实现该作用的金融工具。她曾形象地比喻，如果中国市场是99摄氏度的水，股权投资基金就是让水沸腾的1摄氏度。

实践中，股权投资基金高风险高回报的投资偏好，使得其对产业发展前沿尤为关注，而由于机构投资者敏锐的市场与技术预判及相应的资源能力，越来越多的股权投资基金在投资的同时承担了部分主动创造或改造相关产业的职责，通过对微观企业的直接投资，间接影响产业链布局及其生态，改变产业结构，进而影响着经济结构。

根据清科研究中心的数据分析，2017年，私募基金的行业投资分布中互联网投资案例数仍排名第一，紧随其后的是IT行业。从投资案例数来看，2017年中国股权投资市场近50％的投资案例集中在互联网、IT和生物技术/医疗健康行业。如图3所示。

近年来，浙江省委、省政府提出"换挡期"经济增速目标回落，战略重心瞄准"八大万亿"产业的战略布局，重点发展信息、环保、健康、旅游、时尚、金融、高端装备制造业和文化产业，加快形成以八大万亿产业为支柱的产业体系。包括股权投资基金在内的各种金融业态紧扣主题、主动作为，通过资本的正向选择机制，发挥经济转型助推器作用。根据清科研究中心的数据统计，2017年浙江省股权投资基金的投资企业主要分布在23个一级行业中，其中涉及八大万亿产业的投资案例数超过600个，金额占总投资金额的63.12％。如表1所示。

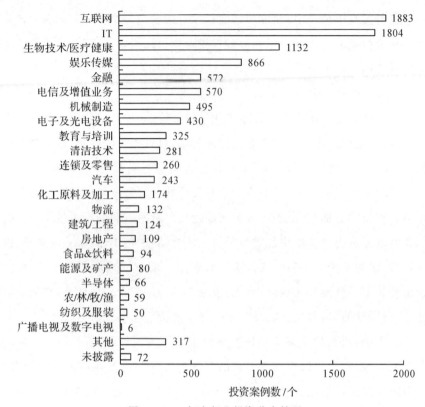

图 3　2017 年全行业投资分布情况

表 1　浙江省私募股权投资行业分布情况

行业	投资案例数/个	占比/%	投资金额/(亿元人民币)	占比/%
互联网	191	22.00	126.2	19.34
IT	137	15.78	46.41	7.11
生物技术/医疗健康	102	11.75	93.01	14.25
金融	74	8.53	55.86	8.56
娱乐传媒	70	8.06	27.31	4.18
机械制造	47	5.41	39.6	6.07
电信及增值业务	42	4.84	11.81	1.81
电子及光电设备	34	3.92	9.51	1.46
汽车	28	3.23	75.83	11.62

行业	投资案例数/件	占比/%	投资金额/(亿元人民币)	占比/%
化工原料及加工	21	2.42	24.59	3.77
其他	18	2.07	4.26	0.65
连锁及零售	16	1.84	8.52	1.31
清洁技术	15	1.73	14.02	2.15
食品＆饮料	13	1.50	4.52	0.69
建筑/工程	12	1.38	5.61	0.86
教育与培训	11	1.27	2.19	0.34
未披露	8	0.92	0.58	0.09
物流	8	0.92	46.17	7.07
半导体	6	0.69	5.55	0.85
纺织及服装	6	0.69	12.96	1.99
农/林/牧/渔	4	0.46	1.3	0.20
房地产	4	0.46	26.68	4.09
广播电视及数字电视	1	0.12	10.1	1.55
合计	868	100.00	652.59	100.00

二、浙江省股权投资基金发展困境

(一)LP结构单一导致募资难问题尤为突出

以民营经济见长的浙江,是中国经济最活跃的省份之一,随着经济和收入的增长,浙江人的财富集聚效应显著。2017年,高净值人群超过41万人,每380人就有一个千万富翁。与民间财富区域分布特点相契合,浙江的大中型企业及因产业发展积累资产的高净值个人(以下简称"产业资本")构成了浙江股权投资基金最主要投资群体。根据清科研究中心数据,2017年共有955只注册在浙江省的股权投资基金完成募集,超过广东、上海等地,位居全国第一,披露募集金额 2905.38 亿元,占全行业披露募集总金额的 16.24%。

然而,进入 2018 年以来,受去杠杆、经济下行、贸易战等因素共振影响,包括上市公司、大型企业集团在内的 LP 投资者出现不同程度的流动性危机,直接波及投资于股权投资基金的产业资本规模。一些 LP 甚至出现不顾底层资产的投资价值、变现成本,急于要求退出的现象,打乱了股权投资基金的投资策略和投资节奏,也对基金募资情况产生极大的负面影响。

2018 年上半年,中国股权投资市场募资总额约 3800 亿元,同比下降 55.8%。与北京、上海、深圳等地引导基金、大型国企资金及银行理财资金、保险资金占据一定 LP 份额不同,以产业资本为主的投资者结构使得浙江股权投资基金在应对市场整体流动性紧缺时的反应更为强烈。根据基金业协会的登记备案数据,2018 年以来浙江辖区新备案股权投资基金数量和规模震荡下降,7 月份之后下行趋势愈加明显。如图 4 所示。

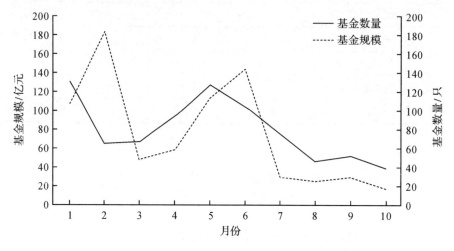

图 4　2018 年 1—10 月新备案股权投资基金情况

(二)本土机构的发展程度远低于市场的活跃程度

浙江是民营经济大省,民营企业极具活力和创造力,截至 2017 年底,全省共有各类市场主体 593.4 万家,同比增长 12.2%,环比增长 0.9%。以阿里巴巴为代表的互联网企业的成功,更是推高了浙江人"大众创业、万众创新"的热潮,为各类股权投资发挥合理定价、活跃投融资市场、推进要素交互与资源对接提供了更为广阔的平台。根据清科研究中心数据统计,除了北、上、广、深等一线城市和地区,发生在浙江的股权投资案例数和投资金额数均位居前列,远超经济总量相当的江苏、山东等省。

而本土私募股权投资基金在其中所起的作用却十分有限,省内知名的投资并购案例,常常被国际投资机构、业内知名机构或国资背景机构垄断。究其原因,本土私募机构规模和影响力有限,小而散的特点十分突出。从登记备案情况来看,截至 10 月底,全国管理规模 100 亿元以上私募机构 232 家,50～100(亿元)机构 278 家,而辖区 50 亿元以上机构仅 26 家,其中私募股权机构仅 14家。辖区 1213 家私募股权机构,从规模分布上看,主要集中在 5 亿元以下的小机构。如图 5 所示。

伴随经济金融形势的持续低迷,私募行业将面临一次程度更深、持续时间更久的行业洗牌,届时行业机构分化将更加明显,头部机构规模不断扩大、品牌影响力持续提升,而中小基金会因为募资难、退出难、人才分流等原因,举步艰难,甚至被淘汰。

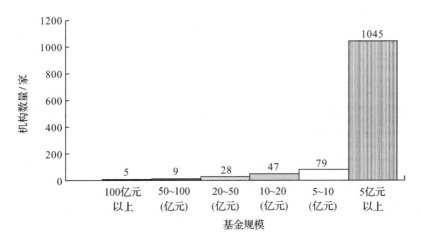

图 5　辖区股权投资基金管理机构规模分布情况

(三)省内机构鱼龙混杂,部分违规及风险事件对行业造成了极大的不良影响

私募基金不设行政许可,没有准入门槛,由基金业协会根据法规授权组织

行业机构登记备案。由于登记备案成本不高但增信效果显著,部分机构抱着试试看的心态申请,实质并不具备开展股权投资业务的人员配备、管理能力与内控基础。辖区 1213 家已登记私募股权机构中,有 421 家机构管理规模在 1000 万以下,基本不具备开展私募股权投资的基础性条件。此外,部分机构规范运作意识较差,内控及治理水平较低,还存在兼营担保、借贷等其他业务情形,随着政策与市场环境的变化,爆发出一系列违规及风险事件。

1. 流动性风险

截至 2018 年 10 月底,辖区 47 只私募基金出现逾期兑付,规模合计超过 30 亿元,涉及投资者千余名,表面上看原因在于网贷平台风险频发导致投资者持币观望情绪蔓延,实质上的因素是一些机构自身运作不规范、滚动发行、短募长投、资金池运作,甚至与 P2P 平台资金线上线下混同使用、自融自担。

2. 合规性风险

一是宣传推介方面,一些机构在各地设立多个销售分公司,招募大量销售人员,无视合格投资者条件和投资者适当性管理要求,通过电话、短信等方式公开夸大宣传。二是投资运作方面,未按合同约定投资、基金资金被随意使用,甚至募集新资金直接归还前期投资者本息等情况频现。三是信息披露方面,无限扩大解释私募的内涵和外延,不按规定充分披露相关信息,基金内部治理失效,投资者知情权、表决权缺乏保障。

3. 业务性风险

集团化机构之间未建立有效的业务隔离、风险隔离及利益冲突防范机制,机构间产品嵌套投资、员工兼职、资金混同。部分股权投资机构通过约定"业绩比较基准收益""目标收益"等形式,开展名股实债、名基实贷业务,或者通过其他抽屉协议为投资者提供保本保收益安排,引导市场形成股权投资基金固定收益的误解。

正是有这些问题风险机构混杂在辖区股权投资行业中,扰乱了行业秩序,败坏了行业形象,市场上出现"谈基色变"的风气,一些真正遵循规范化运作原则的机构受到牵累和影响,无论在找寻长期资金、争夺项目资源还是接洽合作伙伴时,常常遭遇质疑和非议,导致股权投资基金服务实体经济发展的一本好经被歪嘴和尚念坏了。

三、支持我省股权投资规范发展的意见建议

(一)加大引导基金等国有资本投入,改善基金募资结构

近年来,浙江省先后出台了《关于规范政府产业基金运作与管理的指导意见》《浙江省政府产业基金投资退出管理暂行办法》等一系列制度法规,通过与社会资本、金融资本以及上下级政府之间合作,共同发起设立多种形式的产业引导基金。截至 2017 年底,浙江省政府产业基金总规模达到 1331 亿元,已到位资金 759 亿元,在发挥产业基金的放大效应和导向作用方面取得了一定成效。但与产业投资活跃区域,如深圳、苏州等地相比,浙江各地的产业引导基金无论是资金使用效率还是激励约束机制,仍存在一定差距。因此,建议进一步扩大各级政府产业基金的规模,推动省内大中型国有企业加大股权投资布局,规范投资运作及考核评价机制,在市场化基础完善的行业或区域推出针对性的"主题基金",改善部分国有资金通过投资理财、明股实贷博取固定收益的现状,推动国有资金真正投向初创期、成长期中小企业股权,实现产业引领的中长期目标。同时,建议省内财政资金、国有企业资金向运作规范的本土私募股权投资机构适当倾斜,拓宽本土机构长期资金来源,改善本土机构 LP 结构不合理、资金来源单一引发的价值投资不充分、短期行为盛行等发展短板。

(二)优化政策环境,吸引更多私募股权投资落地浙江

1. 保持政策稳定性

境外成熟市场长期以来将股权投资行为统称为风险投资(venture capital),指代由职业金融家投入到新兴的、迅速发展的、具有巨大竞争潜力的企业中的一种权益资本,顾名思义风险投资必定伴随着高风险高收益的运营特征。建议地方政府对私募行业风险进行辩证判断,对其本身自带的投资风险属性与经营管理不规范甚至背信弃义、罔顾投资者权益引发的道德风险属性有所区分,提高对机构正常投资风险的容忍度。同时,保持政策的一贯性与稳定性,切忌出现风险事件,就在机构落户、基金注册时予以一刀切的对待,减少不必要的

行政干预,充分发挥市场的诚信约束与优胜劣汰功能。

2. 制定公平合理的税收政策

2017 年,财政部出台《关于创业投资企业和天使投资个人有关税收试点政策的通知》,明确对股权投资基金符合一定条件应纳税所得额的抵扣政策。2018 年起,将试点扩大至全国,各地市也相继出台了一系列税收返还和减免措施。但长期以来,私募股权投资因投资者门槛较高,被誉为有钱人的游戏,在享受税收优惠政策时往往被另眼相看,加之基层税务人员的理解偏差,导致相关政策在落地时困难重重。据我们的调研走访,省内完全享受税收优惠政策的股权投资机构凤毛麟角。据行业机构测算,根据现有政策,每 10000 元的投资收益将承担 4600 元的税费负担,远远超过美国等成熟国家和地区。且如果按照全行业统计测算,尽管经过数十年的发展,全行业仍远未收回投资成本。为此,建议地方政府坚守税收中性原则,科学衡量私募股权投资的成本收益与其在经济社会发展中的积极作用,建立一定的风险补偿机制,在完善税收优惠政策体系的同时,避免和降低各地市执行层面的偏差。

3. 加大人才引进力度

近年来,各地市充分利用现有的金融业态、城市配套、山水资源和人文环境,建成了一批金融特色小镇,初步形成了推动金融要素聚合的空间支撑体系。但本土私募机构的发展程度与北、上、深等一线城市相比仍存在一定差距。究其原因,最根本的制约还是人的因素。从成熟市场来看,国外 PE 行业能做到董事总经理级别的一般至少已有 7 年相关投资从业经验,能够做到合伙人级别的至少有 15 年从业经验。省内股权行业从业人员超过 1 万人,但大多数从业人员缺乏投资管理经验,专业化的人才仍然十分短缺,人才成为制约我省私募股权投资发展的瓶颈。纵观我省股权投资行业的扶持政策,仅宁波提出对行业专业人员的家属随迁、出入境等由市、区相关部门提供便利的原则性政策,尚未出台体系性、针对性的私募股权投资人才政策措施。建议借鉴北京、深圳等地的成熟经验,研究制定完备的行业人才引进、人才奖励、配偶就业、子女教育、医疗保障等方面配套政策。

(三)强化合作监管,提升行业规范运作水平

与传统金融机构牌照监管、主体监管模式不同,私募基金自 2013 年纳入证监会监管以来,坚持登记备案为主线、事中事后监管的模式,证监会对私募基金的监管归根究底属于一种业务监管、行为监管。对于私募行业整体的运作状况把控,除了基金业协会的登记备案审查与地方证监局的监管检查,最全面的信息来源在于工商、税务、社保等综合数据,最真实的事中监测有赖贴近机构的属地政府及深入社区的网格管理,最有效的风险处置离不开公安、司法部门的积极参与。为此,建议根据国家赋予地方的金融监管职责,建立符合我省实际的地方股权投资基金监管体制,发挥业务监管与综合监管的"央地协作"机制作用,形成穿透式、全覆盖的监管合力,对省内私募基金行业进行一次全面梳理,整治业内明股实债、资金池运作的乱象,有效清理借私募股权投资之名,行非法集资之实的害群之马,为真正想做事的机构营造公平规范的发展环境。

大事记

2018年度杭州金融服务业大事记

1月4日　杭州市滨江区阜博集团在香港主板上市。

1月11日　"金融第一考"CFA(特许金融分析师考试)考点正式落户杭州。

1月12日　召开全市金融办系统年度工作会议。

1月19日　浙江证监局组织召开辖区上市公司监管工作会议,40家新上市公司董事长和26名新任职的上市公司董事长参会。

1月24日　举办市国资系统"凤凰行动"辅导培训会。

1月30日　举行Money20/20全球金融科技大会启动活动。

2月1日　西湖区南都物业在上海证券交易所上市,成为国内首家登陆A股市场的物业服务企业。

2月5—6日　浙江银监局召开2018年监管工作会议,深入学习贯彻党的十九大精神,全面传达2018年全国银行业监管工作会议精神,总结回顾我局2017年工作,分析当前经济金融形势,部署2018年工作任务。

2月9日　杭州市人民政府与北京银行总行签署金融服务战略合作协议。

3月10日　举办"中国金融科技创客大赛(杭州站)"。

3月12日　举办第二届万物生长大会。

3月12日　2018年浙江银行业"提升服务实体经济质效保护金融消费者"工作推进会召开。会议发布了《送金融知识进校园》读本,签订了《浙江银行业合规守序助力实体经济自律公约》,发出了《保护金融消费者提升金融服务水平倡议书》。

3月21日　浙江证监局组织召开2018年辖区证券基金经营机构监管工作座谈会。

3月26日　举办全球金融科技(杭州)峰会暨2017年度中国金融科技创

客大赛(杭州)总决赛。

3 月 29 日 全国银行业绿色金融工作交流推进会召开,会议邀请人民银行、生态环境部、中银协等单位领导参加,六省八市银监部门及部分银行机构代表与会。会议发布了《浙江银行业绿色金融发展报告》及《浙江银行业绿色金融行动计划(2018—2020 年)》。

4 月 9 日 召开钱塘江金融港湾建设工作座谈会。

4 月 23 日 正式实施《杭州市人民政府关于全面落实"凤凰行动"计划的实施意见》。

4 月 27 日 余杭区天地数码在创业板上市。

4 月 27 日 2018 年浙江银行业消费者权益保护工作会议在杭州召开。

5 月 8 日 举办"2018 中国股权投资杭州峰会"。

5 月 14 日 人行杭州中心支行联合省农办在全国率先出台了《关于金融服务乡村振兴的指导意见》,从融资总量、信贷结构、产品创新、政策保障等方面提出金融服务乡村振兴的 20 条举措。

5 月 16 日 召开全市金融系统"五一"表彰大会。

5 月 17 日 举办国际另类投资暨财富管理峰会。

5 月 20 日 举办第四届(2018)全球私募基金西湖峰会。

5 月 24—25 日 中国证监会副主席阎庆民赴浙江辖区调研上市公司。

5 月 25 日 拱墅区企业汉嘉设计在深圳创业板上市。

6 月 6 日 中国(杭州)独角兽企业园奠基暨独角兽企业孵化园开园。

6 月 13 日 召开全市金融工作会议。

6 月 20 日 市政府印发《关于加快推进钱塘江金融港湾建设更好服务实体经济发展的政策意见》(杭政函〔2018〕53 号)。

6 月 21 日 杭州市互联网金融风险分析监测平台正式上线。

6 月 21 日 "凤凰基金"签约落地钱江世纪城,基金目标规模 300 亿元。

7 月 4 日 杭州市人民政府和瑞士日内瓦州政府共同签署了《关于支持"西湖—日内瓦湖金融论坛"的联合声明》,"双湖金融论坛"将在杭州与日内瓦轮流举办。

7 月 10 日 举办 2018 杭州金融创新论坛。

7月10日 高新区（滨江）企业上市培训基地揭牌暨第一期培训正式开班。

7月13日 西湖区51信用卡在港交所上市，成为我省首家在港上市的金融科技公司。

7月26日 召开全市金融风险防范处置专项工作会议。

8月1日 歌礼生物科技（杭州）有限公司在港交所上市。

8月7日 杭州发放首单"以房养老"保险产品养老金。

8月13日 印发《杭州市人民政府关于全面落实"凤凰行动"计划的实施意见》相关配套文件（杭金融办发〔2018〕40号）。

8月17日 开展杭州网贷行业风险防范法制宣传教育活动。

8月22日 召开全市风险防范部署专班会议。

8月29日 浙江证监局与中国证券投资者保护基金有限责任公司签署《辖区证券公司风险监测和投资者保护工作合作备忘录》，与中国证券投资者保护基金有限责任公司、杭州市中级人民法院签署《加强证券期货纠纷诉调对接工作及技术合作备忘录》。

9月5日 市政府与港交所签署合作备忘录。

9月7—8日 "2018 DEMO CHINA创新中国总决赛暨秋季峰会"在杭举办。

9月19—20日 中国证监会副主席阎庆民就私募基金监管体制、私募行业发展困境等问题赴浙江辖区调研。9月20日，发布《2017年度杭州金融发展报告》。

9月21日 国家开发银行与杭州市人民政府签署开发性金融助力杭州市世界名城建设金融战略合作协议。

9月29日 中国人民银行杭州中心支行和浙江省发改委联合召开全省重点项目银项对接会，现场共签约21个项目，签约金额达到2223亿元。

10月16日 浙江证监局组织召开浙江上市公司2018年度第三期监事培训班。

10月17日 "2018杭州湾论坛"在杭举办。

10月20日 浙江银保监局筹备组宣布成立。

10 月 22 日 "西湖·日内瓦湖"金融与科技创新论坛在杭举办。

11 月 2—4 日 第二届钱塘江论坛在杭举办。

11 月 7 日 上海证券交易所资本市场服务杭州基地在余杭区签约揭牌。

11 月 7 日 中国银行间交易商协会、中国人民银行杭州中心支行、浙江省地方金融监督管理局共同签署了《浙江民营企业债券融资工具合作协议》,浙江成为全国第一个签署民营企业债券融资工具三方合作协议的省份。

11 月 7—8 日 中国证监会副主席方星海调研浙江辖区资本市场。

11 月 8 日 浙江银保监局筹备组在省人民大会堂组织召开浙江银行保险业支持民营企业民营经济高质量发展大会。

11 月 9 日 中国人民银行网站公布,中国人民银行会同中国银行保险监督管理委员会审查通过"连通(杭州)技术服务有限公司"提交的银行卡清算机构筹备申请。该公司由连连数字科技有限公司和美国运通公司发起设立,是全国首家获批筹建的合资银行卡清算机构。

11 月 10 日 金融人才创新发展论坛在杭召开。

11 月 14—16 日 全球金融科技创新大会暨 Money20/20 首届中国大会在杭举办。

11 月 15 日 微贷网在纽约证券交易所正式挂牌交易。

11 月 29 日 杭州市企业上市与并购促进会正式成立。

12 月 4 日 中国人民银行杭州中心支行出台《关于进一步深化浙江省民营和小微企业金融服务的意见》等,推进百名行长进民企,支持民营企业发债和应对经贸摩擦专项行动,切实加强对民营企业、小微企业和外贸企业的金融服务。

12 月 7 日 浙江证监局与深交所联合举办浙江辖区审计机构监管培训工作会议。

12 月 17 日 浙江银保监局举行揭牌仪式。

12 月 24 日 召开钱塘江金融港湾(集聚区)建设工作座谈会。

12 月 26 日 宁波通商银行杭州分行开业。

12 月 27 日 全市金融办系统工作会议召开。

2018 年杭州市经济金融主要指标

表 1　2018 年杭州主要综合经济指标

指标	2018 年/亿元	比上年增长/%
全市生产总值	13509	6.7
第一产业	306	1.8
第二产业	4573	5.8
其中:工业	4160	6.3
建筑业	413	−0.5
第三产业	8632	7.5

表 2　2018 年杭州人民生活指标

指标	2018 年/元	比上年增长/%
全市常住居民人均可支配收入	54348	9.1
城镇常住居民人均可支配收入	61172	8.7
城镇常住居民人均消费性支出	41615	9.0
农村常住居民人均可支配收入	33193	9.2
农村常住居民人均消费性支出	24203	10.1

表 3　2018 年杭州财政各项指标

指标	2018 年/亿元	比上年增长/%
财政总收入	3457.5	14.5
一般公共预算收入	1825.1	12.5
其中:税收收入	1651.2	12.6
其中:国内增值税	657.6	10.7
改征增值税	335.4	12.9

指标	2018 年/亿元	比上年增长/%
企业所得税	323.0	19.5
个人所得税	186.3	17.0
土地增值税	93.2	−4.5
一般公共预算支出	1717.1	11.4
其中:一般公共服务	150.4	14.6
公共安全	104.1	10.2
教育	315.4	12.9
科学技术	118.2	28.0
文化体育与传媒	33.2	7.4
社会保障和就业	204.4	18.0
医疗卫生	110.8	−1.4
节能环保	36.0	−4.7
城乡社区	293.0	7.1
农林水	94.2	5.1
住房保障	22.7	−20.6

表 4　2018 年杭州金融各项指标

指标	2018 年	比上年增长/%
金融机构本外币存款余额/亿元	39810.5	9.1
其中:住户存款/亿元	10198.5	17.6
金融机构本外币贷款余额/亿元	36598.3	25.0
其中:住户/亿元	13945.7	44.5
其中:短期贷款/亿元	5338.2	127.0
中长期贷款/亿元	8607.5	17.9
其中:非金融企业及机关贷款/亿元	22334.4	15.6
其中:短期贷款/亿元	7676.6	3.2
中长期贷款/亿元	12612.7	24.0
贷款不良率/%	1.1	−0.48

表 5　2018 年杭州保险各项指标

指标	2018 年	与上年比较
保费收入/亿元	664	增长 4.7%
期末境内外上市公司数/家	172	比年初新增 10 家
其中:期末境内上市公司数/家	132	比年初新增 4 家
新增境内外上市公司 IPO 融资额/亿元	98.6	—

表 6　2018 年杭州对外贸易主要指标

指标	2018 年/亿元	比上年增长/%
外贸进出口	5245.3	3.1
出口	3417.1	−1.0
其中:不含省属	3149.8	−0.5
其中:机电产品	1460.1	0.4
高新技术产品	518.2	8.3
其中:私营企业	2172.1	−1.6
其中:美国	680.9	0
欧盟	775.5	−2.5
其中:一带一路国家	1071.9	2.5
进口	1828.2	11.8

机构名录

杭州市银行机构名录

（截至 2018 年 12 月 31 日）

序号	机构名称	机构地址	联系方式
1	国家开发银行浙江省分行	杭州市江干区城星路 69 号	0571-89778066
2	中国进出口银行浙江省分行	杭州市下城区教场路 18 号	13456780016
3	中国农业发展银行浙江省分行	杭州市下城区建国北路 283 号双牛大厦	0571-87299110
4	中国工商银行股份有限公司浙江省分行	杭州市上城区中河中路 150 号	0571-87336188
5	中国工商银行股份有限公司杭州分行	杭州市下城区庆春路 90 号	0571-87227277
6	中国农业银行股份有限公司浙江省分行	杭州市江干区江锦路 100 号	0571-87226000
7	中国农业银行股份有限公司杭州分行	杭州市下城区长庆街 55 号	0571-87221383
8	中国银行股份有限公司浙江省分行	杭州市下城区凤起路 321 号	0571-87021384
9	中国建设银行股份有限公司浙江省分行	杭州市江干区解放东路 33 号	0571-85313228
10	中国建设银行股份有限公司杭州分行	杭州市下城区延安路 526 号标力大厦 C 座	0571-86829451
11	交通银行股份有限公司浙江省分行	杭州市江干区四季青街道剧院路 1-39 号	0571-87073388
12	浙商银行股份有限公司	杭州市下城区庆春路 288 号	0571-87659676
13	浙商银行股份有限公司杭州分行	杭州市下城区建国北路 736 号	0571-87330511

续表

序号	机构名称	机构地址	联系方式
14	中信银行股份有限公司杭州分行	杭州市江干区四季青街道解放东路 9 号	0571-87032888
15	上海浦东发展银行股份有限公司杭州分行	杭州市上城区延安路 129 号	0571-87790119
16	华夏银行股份有限公司杭州分行	杭州市江干区四季青街道香樟街 2 号泛海国际中心 2 幢 2—3 层、21—36 层	0571-87239110
17	招商银行股份有限公司杭州分行	杭州市西湖区杭大路 23 号	0571-85789028
18	广发银行股份有限公司杭州分行	杭州市下城区延安路 516 号	0571-87060722
19	平安银行股份有限公司杭州分行	杭州市下城区庆春路 36 号	0571-87568666
20	中国民生银行股份有限公司杭州分行	杭州市江干区钱江新城市民街 98 号尊宝大厦金尊 1 层	0571-87239790
21	兴业银行股份有限公司杭州分行	杭州市下城区庆春路 40 号	0571-87370710
22	中国光大银行股份有限公司杭州分行	杭州市拱墅区密渡桥路 1 号浙商时代大厦 1—14 层	0571-87895358
23	恒丰银行股份有限公司杭州分行	杭州市下城区建国北路 639 号	0571-85086024
24	渤海银行股份有限公司杭州分行	杭州市下城区体育场路 117 号	0571-28119879
25	中国邮政储蓄银行股份有限公司浙江省分行	杭州市下城区百井坊巷 87 号	0571-87335016
26	中国邮政储蓄银行股份有限公司杭州市分行	杭州市上城区环城东路 18 号	0571-87130212

序号	机构名称	机构地址	联系方式
27	中国华融资产管理股份有限公司浙江省分公司	杭州市上城区开元路 19-1、19-2 号	0571-87836725
28	中国长城资产管理股份有限公司浙江省分公司	杭州市下城区邮电路 23 号浙江长城资产大楼 8、9 两层及附楼	0571-85167890
29	中国东方资产管理股份有限公司浙江省分公司	杭州市下城区庆春路 225 号西湖时代广场五楼	0571-87163369
30	中国信达资产管理股份有限公司浙江省分公司	杭州市下城区延安路 528 号标力大厦 B 座 11—12 层	0571-85774691
31	杭州银行股份有限公司	杭州市下城区庆春路 46 号	0571-85107792
32	上海银行股份有限公司杭州分行	杭州市江干区新业路 200 号	0571-87560235
33	宁波银行股份有限公司杭州分行	杭州市西湖区保俶路 146 号	0571-87205999
34	北京银行股份有限公司杭州分行	杭州市江干区五星路 66 号	0571-86996502
35	南京银行股份有限公司杭州分行	杭州市下城区凤起路 432 号金都杰地大厦	0571-81135987
36	江苏银行股份有限公司杭州分行	杭州市西湖区天目山路 38—42 号浙江出版集团大厦东侧 1—3 层	0571-88359666
37	浙江泰隆商业银行股份有限公司杭州分行	杭州市上城区望江东路 59 号	0571-81117888
38	浙江稠州商业银行股份有限公司杭州分行	杭州市上城区富春路 168 号	0571-87137788
39	浙江民泰商业银行股份有限公司杭州分行	杭州市拱墅区莫干山路 268 号	0571-87209665
40	温州银行股份有限公司杭州分行	杭州市下城区仙林桥直街 3 号仙林大厦	0571-87338001

续表

序号	机构名称	机构地址	联系方式
41	台州银行股份有限公司杭州分行	杭州市江干区城星路 59 号 101 室、1401 室	0571-86893535
42	金华银行股份有限公司杭州分行	杭州市西湖区保俶路 238 号 1 幢	0571-28289961
43	浙江网商银行股份有限公司	杭州市西湖区学院路 28—38 号德力西大厦 1 号楼 15—17 层	0571-22907414
44	宁波通商银行股份有限公司杭州分行	杭州市江干区西子国际中心 103 室	0571-81727313
45	浙江省农村信用社联合社	杭州市江干区秋涛路 660 号	0571-85866903
46	杭州联合农村商业银行股份有限公司	杭州市上城区建国中路 99 号	0571-87923272
47	浙江萧山农村商业银行股份有限公司	杭州市萧山区人民路 258 号	0571-82712929
48	浙江杭州余杭农村商业银行股份有限公司	杭州市余杭区南苑街道南大街 72 号	0571-86234561
49	浙江富阳农村商业银行股份有限公司	杭州市富阳区鹿山街道依江路 501 号	0571-63334386
50	浙江桐庐农村商业银行股份有限公司	杭州市桐庐县县城迎春南路 278 号	0571-64218816
51	浙江临安农村商业银行股份有限公司	杭州市临安区锦城街道城中街 442 号	0571-63726218
52	浙江建德农村商业银行股份有限公司	建德市新安江街道新安东路 126 号	0571-64735221
53	浙江淳安农村商业银行股份有限公司	杭州市淳安县千岛湖镇环湖北路 369 号	0571-64813958
54	浙江建德湖商村镇银行股份有限公司	建德市新安东路 247 号	0571-64791825

序号	机构名称	机构地址	联系方式
55	浙江桐庐恒丰村镇银行股份有限公司	桐庐县县城迎春南路86号	0571-69813009
56	浙江临安中信村镇银行股份有限公司	杭州市临安区锦城街道石镜街777号	0571-61109026
57	浙江淳安中银富登村镇银行有限责任公司	淳安县千岛湖镇新安南路15—51号	0571-65092228
58	浙江余杭德商村镇银行股份有限公司	杭州市余杭区塘栖镇广济路273—287号	0571-89028500
59	浙江萧山湖商村镇银行股份有限公司	杭州市萧山区宁围镇市心北路229号	0571-83515800
60	浙江富阳恒通村镇银行股份有限公司	杭州市富阳区富春街道金桥北路8号	0571-58836666
61	建德市大同镇桑盈农村资金互助社	杭州建德市大同镇新街2号	0571-64585686
62	三井住友银行（中国）有限公司杭州分行	杭州市下城区延安路385号杭州嘉里中心2幢5楼	0571-28891111
63	东亚银行（中国）有限公司杭州分行	杭州市江干区万象城2幢101-01室、1701室、1703-02室	0571-89812288
64	汇丰银行（中国）有限公司杭州分行	杭州市江干区钱江路1366号万象城2幢2001-01、2001-02、2001-08、2003-02、2003-03室	0571-89811266
65	花旗银行（中国）有限公司杭州分行	杭州市下城区庆春路118号嘉德广场1301、1308室	0571-87229088
66	恒生银行（中国）有限公司杭州分行	杭州市下城区延安路385号杭州嘉里中心2幢（商）1号及2幢7层701、702室	0571-87296178
67	渣打银行（中国）有限公司杭州分行	杭州市下城区延安路385号杭州嘉里中心2幢6层604单元	0571-87365355

续表

序号	机构名称	机构地址	联系方式
68	南洋商业银行（中国）有限公司杭州分行	杭州市滨江区江南大道 3688 号通策广场 2 幢 101—201 室	0571-87786000
69	星展银行（中国）有限公司杭州分行	杭州市西湖区教工路 18 号世贸丽晶城欧美中心 1 号楼 D 区 101、103、105 室及 A 区 1802、1803 室	0571-81133188
70	法国兴业银行（中国）有限公司杭州分行	杭州市下城区延安路 385 号杭州嘉里中心 2 幢 9 层 904-1 室	0571-87368515
71	大华银行（中国）有限公司杭州分行	杭州市西湖区天目山路 181 号天际大厦 201、203 室	0571-28090799
72	澳大利亚和新西兰银行（中国）有限公司杭州分行	杭州市西湖区教工路 18 号世贸丽晶城欧美中心 1 号楼 C 区 302、303 室	0571-26890888
73	三菱日联银行（中国）有限公司杭州分行	杭州市下城区延安路 385 号杭州嘉里中心 2 幢 10 层 1002、1003、1004 单元	0571-87928080
74	中建投信托股份有限公司	杭州市西湖区教工路 18 号世贸丽晶城欧美中心 1 号楼 A 座 18—19 层 C、D 区	0571-89891502
75	杭州工商信托股份有限公司	杭州市江干区迪凯国际中心 41 层	0571-87218033
76	浙商金汇信托股份有限公司	杭州市上城区庆春路 199 号 6—8 层、1—2 层西面商铺	0571-4008665588
77	万向信托股份公司	杭州市上城区体育场路 429 号 4—6 层及 9—17 层	0571-85822379
78	万向财务有限公司	杭州市萧山区生兴路 2 号	0571-87163211
79	浙江省能源集团财务有限责任公司	杭州拱墅区环城北路华浙广场 1 号楼 9 层（全部）和 11 层的 A、B、B1、C、C1、G、H、I 座	0571-86669990

序号	机构名称	机构地址	联系方式
80	浙江省交通投资集团财务有限责任公司	杭州市江干区五星路 199 号明珠国际商务中心 2 号楼 8 层	0571-87568088
81	中国电力财务有限公司浙江分公司	杭州市西湖区万塘路 18 号黄龙时代广场 A 座 21 层	0571-51213810
82	物产中大集团财务有限公司	杭州市下城区西湖区中大广场 A 座 7 层	0571-87895995
83	海亮集团财务有限责任公司	杭州市滨江区滨盛路 1508 号海亮大厦 25 层 2517—2526 室	0571-56051000
84	杭州锦江集团财务有限责任公司	杭州市拱墅区湖墅南路 111 号杭州锦江大厦 12 层	0571-28334604
85	华融金融租赁股份有限公司	杭州市西湖区曙光路 122 号世贸大厦 6、7 层	0571-87007839
86	裕隆汽车金融（中国）有限公司	杭州市萧山区萧山经济技术开发区东方世纪中心 1301—1305 室	0571-57182228
87	杭银消费金融股份有限公司	杭州市下城区庆春路 38 号 1 层 101 室、8 层 801—804 室、11 层 1101—1102 室	0571-86850291
88	交通银行股份有限公司太平洋信用卡中心杭州分中心	杭州市江干区庆春东路 66-1 号 1101 室	0571-86036355

杭州市证券机构名录

（截至 2018 年 12 月 31 日）

序号	机构名称	机构地址	联系方式
1	财通证券股份有限公司	杭州市西湖区杭大路 15 号嘉华国际商务中心	95336,40086-96336
2	浙商证券股份有限公司	杭州市江干区五星路 201 号	0571-87901955
3	金通证券有限责任公司	杭州市滨江区东信大道 66 号 5 幢 D 座 A 区 3 层	0571-85783714
4	财通证券资产管理有限公司	杭州市上城区四宜路四宜大院 B 幢	95336,40086-96336
5	浙江浙商证券资产管理有限公司	杭州市江干区五星路 201 号浙商证券大楼 7 层	0571-87901951
6	中信证券股份有限公司浙江分公司	杭州市江干区迪凯银座 1902、2201—2204、2301、2303、2304 室	0571-85783723
7	安信证券股份有限公司浙江分公司	杭州市西湖区莫干山路 639 号三层 301-1 室	0571-88077289
8	财富证券有限责任公司浙江分公司	杭州市下城区庆春路 42 号兴业银行大厦 15A05 室	0571-87679609
9	长城证券股份有限公司杭州分公司	杭州市西湖区杨公堤 23 号 5 号楼	0571-87207368
10	长江证券股份有限公司浙江分公司	杭州市上城区甘水巷 42 号	0571-86658288
11	东北证券股份有限公司浙江分公司	杭州市下城区建国北路 658 号 1502 室	0571-85382288

序号	机构名称	机构地址	联系方式
12	东莞证券股份有限公司浙江分公司	杭州市滨江区西兴街道丹枫路788号1幢101室	0571-81391028
13	方正证券股份有限公司浙江分公司	杭州市下城区延安路398号二轻大厦A楼11层	0571-87782217
14	广发证券股份有限公司浙江分公司	杭州市上城区钱江路41号201甲室	0571-86566651
15	广州证券股份有限公司杭州分公司	杭州市江干区之江东路越秀维多利中心B座1201室	0571-85376802
16	国海证券股份有限公司浙江分公司	杭州市下城区河东路91号	0571-87238592
17	国开证券股份有限公司浙江省分公司	杭州市上城区元帅庙后88-1号163室	0571-81686518
18	国泰君安证券股份有限公司浙江分公司	杭州市江干区四季青街道五星路185号泛海国际中心6幢1单元1401室	0571—87895228
19	国信证券股份有限公司杭州分公司	杭州市江干区万象城3幢901、908室	0571-85215118
20	国信证券股份有限公司浙江分公司	杭州市萧山区宁围街道宁泰路27号江宁大厦2幢16层	0571-85214875
21	海通证券股份有限公司浙江分公司	杭州市江干区迪凯银座801、803、804室	0571-87211006
22	华福证券有限责任公司浙江分公司	杭州市下城区庆春路42号903、904、1101室	0571-85379663
23	华融证券股份有限公司浙江分公司	杭州市西湖区求是路8号公元大厦南楼22层2201、2202、2205室	0571-87007606
24	华泰证券股份有限公司浙江分公司	杭州市滨江区江虹路1750号信雅达国际创意中心1幢2302、2304、2305、2306室	0571-86698700

续表

序号	机构名称	机构地址	联系方式
25	金元证券股份有限公司浙江分公司	杭州市江干区解放东路 29 号迪凯银座 1403 室	0571-85056096
26	九州证券股份有限公司浙江分公司	杭州市拱墅区余杭塘路矩阵国际 2 号楼 301、303 室	0571-86702661
27	联讯证券股份有限公司杭州分公司	杭州市江干区钱江国际时代广场 3 幢 2903 室	0571-28233855
28	平安证券股份有限公司浙江分公司	杭州市拱墅区红石中央大厦 1603、1604 室	0571-88223318
29	申万宏源证券有限公司杭州分公司	杭州市拱墅区华浙广场 1 号 18 楼	0571-85060158
30	首创证券有限责任公司浙江分公司	杭州市西湖区文二路 391 号（西湖国际科技大厦）2310-1 室	0571-86580110
31	天风证券股份有限公司浙江分公司	杭州市西湖区教工路 88 号立元大厦 12 层 1202 室	0571-87611218
32	西南证券股份有限公司浙江分公司	杭州市江干区紫晶商务城 1 幢 304-1 室	0571-86784008
33	兴业证券股份有限公司浙江分公司	杭州市江干区钱江新城钱江国际时代广场 3 幢 1204 室	0571-89981678
34	浙商证券股份有限公司杭州分公司	杭州市西湖区玉古路 168 号黄龙体育中心武术馆大楼 5 楼 501—510 室	0571-87902232
35	中国银河证券股份有限公司浙江分公司	杭州市江干区泛海国际中心 3 幢 28 层	0571-87252929
36	中信建投证券股份有限公司浙江分公司	杭州市上城区庆春路 225 号 6 层 604 室	0571-87066526
37	中邮证券有限责任公司浙江分公司	杭州市西湖区莫干山路 329 号 2 层、9 层	0571-87269688

序号	机构名称	机构地址	联系方式
38	华龙证券股份有限公司浙江分公司	杭州市西湖区栖霞岭路 60-18 号	0571-28936112
39	国融证券股份有限公司浙江分公司	杭州市西湖区北山街道白沙泉 112 号 101 室	0571-88078118
40	信达证券股份有限公司浙江分公司	杭州市滨江区丹枫路 676 号香溢大厦 7 层 702 室	95321
41	中天国富证券有限公司浙江分公司	杭州市西湖区翠苑街道天目山路 274 号、万塘路 2-18(双)A 座 20 层 07 室	4006080777
42	万和证券股份有限公司浙江分公司	杭州市江干区五星路 188 号荣安大厦 802-1 室	0571-81999060
43	财通证券股份有限公司杭州第一分公司	杭州市下城区环城北路 169 号汇金国际大厦西 1 幢 9 层 901、902 室	95336
44	财通证券股份有限公司杭州第二分公司	杭州市上城区太和广场 8 号 1701—1705 室	95336
45	财通证券股份有限公司杭州第三分公司	杭州市西湖区文二路 391 号西湖国际科技大厦 2308-1 室、2308-2 室	95336
46	财通证券股份有限公司杭州第四分公司	杭州市拱墅区绿地运河商务中心 5 幢 1302—1305 室	95336
47	江海证券有限公司浙江分公司	杭州市江干区财富金融中心 2 幢 1507 室	0571-28901889
48	东兴证券股份有限公司杭州分公司	杭州市江干区四季青街道新业路 228 号来福士中心 2 幢 13 层 1301、1302、1309 室	0571-86069139
49	华金证券股份有限公司浙江分公司	杭州市上城区赞成中心西楼 1209 室、1210 室	0571-28256856

续表

序号	机构名称	机构地址	联系方式
50	国元证券股份有限公司浙江分公司	杭州市滨江区长河街道江汉路 1785 号网新双城大厦 4 幢 2201-1 室	0571-87682900
51	平安证券股份有限公司杭州分公司	杭州市西湖区杭大路 1 号黄龙世纪广场写字楼 C 区 13 层 1302、1304 室	0571-88185555
52	南京证券股份有限公司浙江分公司	杭州市江干区四季青街道新塘路 99 号凤起时代大厦 2301 室	95386
53	国盛证券股份有限公司浙江分公司	杭州市江干区江锦路 159 号平安金融中心 2 幢第 12 层 1201-02 室	4008222111
54	申港证券股份有限公司浙江分公司	杭州市江干区瑞立江河汇大厦 2233 室	0571-28323582
55	华林证券股份有限公司浙江分公司	杭州市滨江区江南大道 3850 号创新大厦 1820 室	4001883888
56	东亚前海证券有限责任公司浙江分公司	杭州市西湖区西湖街道虎跑路 2-18 号 1 号楼 102 室	0571-87760850
57	东吴证券股份有限公司浙江分公司	杭州市江干区瑞晶国际商务中心 1703 室	0571-86791957
58	浙江浙商证券资产管理有限公司杭州分公司	杭州市江干区明珠国际商务中心 1 幢 701 室	0571-87903299

杭州市期货机构名录

（截至 2018 年 12 月 31 日）

序号	机构名称	机构地址	联系方式
1	宝城期货有限责任公司	杭州市西湖区求是路 8 号公元大厦南裙 1-101、201、301、501 室，北楼 302 室	4006181199
2	大地期货有限公司	杭州市下城区延安路 511 号元通大厦 12 层	4008840077
3	国海良时期货有限公司	杭州市下城区河东路 91 号	4007009292
4	南华期货股份有限公司	杭州市上城区西湖大道 193 号定安名都 2 层、3 层	4008888910
5	盛达期货有限公司	杭州市萧山区宁围街道平澜路 259 号国金中心 B 区 22 层	0571-82829888
6	信达期货有限公司	杭州市下城区文晖路 108 号浙江出版物资大厦 1125 室、1127 室、12 层、16 层	4006728728
7	永安期货股份有限公司	杭州市江干区钱江新城新业路 200 号	4007007878
8	浙江新世纪期货有限公司	杭州市下城区体育场路 335 号 6—8 层	4007002828
9	中大期货有限公司	杭州市下城区中山北路 310 号五矿大厦 3 层、12 层东	4008810999
10	浙商期货有限公司	杭州市下城区环城北路 305 号耀江发展中心大厦 1、11—12、20 层	4007005186
11	东方汇金期货有限公司浙江分公司	杭州市余杭区仓前街道欧美金融城 5 幢 1310—1312 室	0571—88687030

续表

序号	机构名称	机构地址	联系方式
12	格林大华期货有限公司浙江分公司	杭州市江干区财富金融中心 2 幢 3401 室	0571-28055962
13	广州金控期货有限公司杭州分公司	杭州市下城区绍兴路 161 号野风现代中心北楼 903 室	0571-87251385
14	前海期货有限公司浙江分公司	杭州市江干区四季青街道钱江路 1366 号万象城 2 幢华润大厦 2601—2603 室	0571-28312625
15	永安期货股份有限公司杭州分公司	杭州市江干区新业路 200 号华峰国际 33 楼	0571-89366158
16	浙江新世纪期货有限公司杭州分公司	杭州市上城区惠民路 56 号 2 号楼 207 室	0571-86831579
17	中财期货有限公司浙江分公司	杭州市西湖区体育场路 458 号中财金融广角	0571-56080560
18	中国国际期货有限公司杭州分公司	杭州市江干区百大绿城西子国际 C 座 1303	0571-89716763
19	中信期货有限公司浙江分公司	杭州市下城区凤起路 102 号裙楼第 3 层 301 室、302 室	0571-85783919
20	先锋期货有限责任公司杭州分公司	杭州市滨江区西兴街道科技馆街 626 号寰宇商务中心 1 座 701 室	0571-86726972
21	天风期货股份有限公司浙江分公司	杭州市萧山区北干街道金城路 358 号蓝爵国际中心 5 幢 3703 室 1 号	0571-22670095
22	兴业期货有限公司杭州分公司	杭州市下城区庆春路 42 号 1002 室	0571-85828716
23	银河期货有限公司浙江分公司	杭州市上城区解放路 26 号 1004 室	0571-28066363
24	中信期货有限公司杭州萧山分公司	杭州市萧山区城厢街道新世纪广场 C 座 9 层 909—917 室	0571-85065156

杭州市保险机构名录

（截至 2018 年 12 月 31 日）

序号	机构名称	机构地址	联系方式
1	中国人民财产保险股份有限公司浙江省分公司	杭州市上城区中河中路 66 号，中山中路 400 号，光复路 162 号	0571-87810888
2	中国太平洋财产保险股份有限公司浙江分公司	杭州市西湖区莫干山路 501 号 1—14 层	0571-87223801
3	中国平安财产保险股份有限公司浙江分公司	杭州市西湖区教工路 88 号立元大厦 7—9 层	0571-88381818
4	天安财产保险股份有限公司浙江省分公司	杭州市上城区望江街道望江东路 332 号望江国际中心 C 座 5 层	0571-87041888
5	史带财产保险股份有限公司浙江分公司	杭州市下城区环城北路 208 号坤和中心 1004 室	0571-85155257
6	华泰财产保险有限公司浙江省分公司	杭州市江干区庆春东路 66-1 号庆春发展大厦 15/F	0571-87238300
7	中华联合财产保险股份有限公司浙江分公司	杭州市拱墅区中华保险大厦 1201 室、1301 室、1401 室、1501 室	0571-88103155
8	太平财产保险有限公司浙江分公司	杭州市下城区庆春路 136 号广利大厦 15 层和广利大厦 7 层 706 室、707 室、708 室、709 室	0571-28811000
9	中国大地财产保险股份有限公司浙江分公司	杭州市上城区馆驿后 2 号万新大厦 7、8、11 层	0571-87000226
10	中国出口信用保险公司浙江分公司	杭州市江干区四季青街道庆春东路 2—6 号金投金融大厦 19—20 层	0571-28036700
11	华安财产保险股份有限公司浙江分公司	杭州市西湖区天目山路 7 号东海创意中心 12 层	0571-87168888

续表

序号	机构名称	机构地址	联系方式
12	永安财产保险股份有限公司浙江分公司	杭州市上城区凤凰城 4 号 1901—1906 室	0571-85789659
13	安邦财产保险股份有限公司浙江分公司	杭州市下城区建国北路 639 号华源大厦 19 层	0571-56920501
14	都邦财产保险股份有限公司浙江分公司	杭州市下城区体育场路 105 号凯喜雅大厦 14 层	0571-28006588
15	安盛天平汽车保险股份有限公司浙江分公司	杭州市西湖区莫干山路 231 号广厦锐明大厦 602 室	0571-28809111
16	中银保险有限公司浙江分公司	杭州市上城区金隆花园南区华顺大厦 6—7 层	0571-87273033
17	阳光财产保险股份有限公司浙江省分公司	杭州市下城区环城北路 167 号汇金国际大厦裙楼 5 层 501、502、503 室	0571-87682057
18	亚太财产保险有限公司浙江分公司	杭州市江干区五星路 185 号泛海国际中心 6 幢 2 单元 1001-1 室	0571-87669119
19	渤海财产保险股份有限公司浙江分公司	杭州市滨江区江南大道 618 号东冠大厦 7 层	0571-28002333
20	中国人寿财产保险股份有限公司浙江省分公司	杭州市下城区环城北路 63 号云天财富中心写字楼 23、24、25 层和 8 层 805 室及新华路 9 号 7 层	0571-87253661
21	安诚财产保险股份有限公司浙江分公司	杭州市上城区秋涛路 258 号 1 号楼 11 层 1101 室	0571-81900156
22	永诚财产保险股份有限公司浙江分公司	杭州市下城区中山北路 565 号德信大厦 501 室	0571-28002903
23	安信农业保险股份有限公司浙江分公司	杭州市江干区新塘路 72 号、76—82 号（双号）第 5 层	0571-28112811
24	浙商财产保险股份有限公司浙江分公司	杭州市滨江区泰安路 239 号盾安发展大厦 15 层、10 层 1003 室	0571-28088181

序号	机构名称	机构地址	联系方式
25	紫金财产保险股份有限公司浙江分公司	杭州市江干区城星路 59 号 1701 室	0571-28080888
26	长安责任保险股份有限公司浙江省分公司	杭州市下城区凯旋路 385 号紫玉名府 3 幢 13 层	0571-28110801
27	利宝保险有限公司浙江分公司	杭州市上城区婺江路 217 号 1 号楼 701、703、705、707 室	0571-87368988
28	华农财产保险股份有限公司浙江分公司	杭州市西湖区世贸丽晶城欧美中心 1 号楼 D 区 405、406 室	0571-87602721
29	国泰财产保险有限责任公司浙江分公司	杭州市西湖区西溪路 560 号 5 幢 4 层 401、402 室	0571-28072288
30	国任财产保险股份有限公司浙江分公司	杭州市江干区新塘路 72 号、76—82 号（双号）杭州新业大厦 15 层 1501 室	0571-28293273
31	爱和谊日生同和财产保险(中国)有限公司浙江分公司	杭州市下城区环城北路 208 号 32 层 01、08 室	0571-28058588
32	英大泰和财产保险股份有限公司浙江分公司	杭州市江干区凤起东路 189 号新城时代广场 1 幢 1701、1702、1703 室	0571-28297660
33	泰山财产保险股份有限公司浙江分公司	杭州市江干区凯旋路 445 号浙江物产国际广场 15 层 A、B、C、D、E 座	0571-28312031
34	美亚财产保险有限公司浙江分公司	杭州市江干区富春路 290 号钱江国际广场 3 号楼 602、603 单元	0571-26893900
35	众诚汽车保险股份有限公司浙江分公司	杭州市江干区钱江新城五星路 188 号荣安大厦 20 层	0571-28172888
36	东京海上日东火灾保险(中国)有限公司浙江分公司	杭州市江干区钱江新城钱江国际时代广场 3 幢 1405 号	0571-81998758
37	中国人寿保险股份有限公司浙江省分公司	杭州市上城区中河中路 80 号浙江人寿大厦	0571-87216472

续表

序号	机构名称	机构地址	联系方式
38	中国太平洋人寿保险股份有限公司浙江分公司	杭州市上城区之江路 928 号临江金座 1 号 16 层	0571-87220857
39	中国平安人寿保险股份有限公司浙江分公司	杭州市江干区四季青街道民心路 280 号平安金融中心 A 幢 26 层	0571-87556600
40	泰康人寿保险有限责任公司浙江分公司	杭州市江干区五星路 188 号荣安大厦 2201 室、2601 室	0571-85802019
41	新华人寿保险股份有限公司浙江分公司	杭州市江干区庆春广场西侧西子国际中心 1 号楼 33—36 层	0571-87235371
42	太平人寿保险有限公司浙江分公司	杭州市下城区广利大厦裙楼 5 楼	0571-28889696
43	民生人寿保险股份有限公司浙江分公司	杭州市下城区绍兴路 161 号野风现代中心北楼 12 层	0571-85389505
44	光大永明人寿保险有限公司浙江分公司	杭州市下城区凤起路 78 号浙金广场附楼 3 层 303 室	0571-28080576
45	中宏人寿保险有限公司浙江分公司	杭州市下城区庆春路 38 号金龙财富中心 10 层、12 层	0571-28023322
46	华泰人寿保险股份有限公司浙江分公司	杭州市萧山区宁围街道平澜路 259 号国金中心 1 单元 2301 室	0571-28936000
47	中德安联人寿保险有限公司浙江分公司	杭州市江干区庆春东路 66-1 号庆春发展大厦 B 座 21 层	0571-28029698
48	中国人民健康保险股份有限公司浙江分公司	杭州市上城区庆春路 25—29 号远洋大厦 21 层	0571-28918898
49	合众人寿保险股份有限公司浙江分公司	杭州市上城区中河中路 222 号平海国际大厦 15—17 层	0571-28907766
50	中信保诚人寿保险有限公司浙江省分公司	杭州市下城区绍兴路 161 号野风现代中心北楼 1301、1302 室	0571-28065118
51	长生人寿保险有限公司浙江分公司	杭州市江干区庆春东路 1-1 号西子联合大厦 12 层	0571-28035888

序号	机构名称	机构地址	联系方式
52	中国人民人寿保险股份有限公司浙江省分公司	杭州市上城区解放路18号铭扬大厦4层	0571-85871757
53	平安养老保险股份有限公司浙江分公司	杭州市西湖区文三路90号东部软件园科技大厦17层	0571-87556792
54	同方全球人寿保险有限公司浙江分公司	杭州市江干区钱江路1366号万象城2幢1901室	0571-28894868
55	富德生命人寿保险股份有限公司浙江分公司	杭州市江干区四季青街道钱江路1366号万象城2幢华润大厦A座第23层01—03、05—09室和第25层02、03、09室	0571-28867766
56	信泰人寿保险股份有限公司浙江分公司	杭州市西湖区莫干山路231号锐明大厦8层	0571-87116843
57	陆家嘴国泰人寿保险有限责任公司浙江分公司	浙江省杭州市江干区太平门直街260—266号三新银座2幢10层1001室	0571-28039899
58	中美联泰大都会人寿保险有限公司浙江分公司	杭州市西湖区万塘路18号2层202、203,3层、3A层3A02、3A07,5层507,8层801,9层901、902、903、906,14层和15层1501、1506室	0571-87799688
59	英大泰和人寿保险股份有限公司浙江分公司	杭州市西湖区莫干山路231号锐明大厦6层	0571-28350278
60	农银人寿保险股份有限公司浙江分公司	杭州市西湖区莫干山路333号美莱商务大厦15层	0571-85175999
61	招商信诺人寿保险有限公司浙江分公司	杭州市下城区环城北路208号坤和中心19层02、03、04室	0571-86587123
62	国华人寿保险股份有限公司浙江分公司	杭州市江干区凤起东路189号新城时代广场1幢24层	0571-28115885
63	阳光人寿保险股份有限公司浙江分公司	杭州市下城区庆春路26号发展大厦1层102—103室、3层、4层、12层	0571-87563163

续表

序号	机构名称	机构地址	联系方式
64	太平养老保险股份有限公司浙江分公司	杭州市江干区新业路 200 号华峰国际商务大厦 25 层 2502—2504 室	0571-28058228
65	瑞泰人寿保险有限公司浙江分公司	杭州市下城区体育场路 105 号凯喜雅大厦 1504—1506 室	0571-28065516
66	幸福人寿保险股份有限公司浙江分公司	杭州市西湖区莫干山路 231 号广厦锐明大厦 10 层	0571-28086666
67	安邦人寿保险股份有限公司浙江分公司	杭州市下城区建国北路 639 号华源发展大厦 1801、1901 室	0571-56920799
68	工银安盛人寿保险有限公司浙江分公司	杭州市下城区绍兴路 161 号野风现代中心北楼 301—304、702 室	0571-28085180
69	和谐健康保险股份有限公司浙江分公司	杭州市西湖区曙光路 122 号世贸中心 A 座 16 层	0571-58121722
70	中邮人寿保险股份有限公司浙江分公司	杭州市西湖区莫干山路 329 号	0571-87269909
71	君龙人寿保险有限公司浙江分公司	杭州市下城区建国北路 276 号东联大厦 10 层	0571-28137553
72	昆仑健康保险股份有限公司浙江分公司	杭州市西湖区莫干山路 231 号锐明大厦 12 层	0571-28289191
73	华夏人寿保险股份有限公司浙江分公司	杭州市上城区解放路 18 号 5 层 A 座、601—604 室、1204 室	0571-28901666
74	泰康养老保险股份有限公司浙江分公司	杭州市下城区绍兴路 161 号野风现代中心北楼 601、602、603 室	0571-87782650
75	平安健康保险股份有限公司浙江分公司	杭州市江干区民心路 280 号平安金融中心 A 座 9 层	0571-87996115
76	中韩人寿保险有限公司营业总部	杭州市下城区庆春路 38 号金融财富中心 9 层	0571-87361999

序号	机构名称	机构地址	联系方式
77	百年人寿保险股份有限公司浙江分公司	杭州市江干区富春路 290 号钱江国际时代广场 3 号楼 20 层和 33 层 3301、3305、3306 室	0571-87393533
78	建信人寿保险股份有限公司浙江分公司	杭州市拱墅区湖墅南路 277 号 6—7 层	0571-87907901
79	君康人寿保险股份有限公司浙江分公司	杭州市下城区中山北路 611 号地铁商务大厦 7 层	0571-28896777
80	中意人寿保险有限公司浙江省分公司	杭州市下城区上塘路 15 号武林时代商务中心 7 楼及 8 楼	0571-26201888
81	中银三星人寿保险有限公司浙江分公司	杭州市江干区新业路 8 号华联时代大厦 B 幢 5 层 501、504 室,11 层 1101、1104 室	0571-56051656
82	交银康联人寿保险有限公司浙江省分公司	杭州市上城区庆春路 173 号 8 层	0571-86590273

杭州市上市公司名录

（截至 2018 年 12 月 31 日）

境内上市公司名录

序号	公司名称	代码	上市地点	上市时间	行业类别
1	航天通信	600677	上海	1993 年 9 月 28 日	IT
2	物产中大	600704	上海	1996 年 5 月 17 日	商贸服务
3	东方通信	600776	上海	1996 年 11 月 14 日	IT
4	浙江东方	600120	上海	1997 年 11 月 12 日	商贸服务
5	杭钢股份	600126	上海	1998 年 2 月 12 日	机械制造
6	钱江水利	600283	上海	2000 年 9 月 15 日	公共设施
7	英特集团	000411	深圳	1996 年 6 月 26 日	医药化工
8	浙大网新	600797	上海	1997 年 3 月 25 日	IT
9	浙能电力	600023	上海	2013 年 12 月 19 日	电力
10	众合科技	000925	深圳	1999 年 5 月 7 日	IT
11	浙数文化	600633	上海	1993 年 3 月 4 日上市，2011 年 12 月 6 日迁入	出版业
12	天目药业	600671	上海	1993 年 8 月 23 日	医药化工
13	杭州解百	600814	上海	1994 年 1 月 14 日	商贸服务
14	百大集团	600865	上海	1994 年 8 月 9 日	商贸服务
15	新安股份	600596	上海	2001 年 9 月 6 日	医药化工
16	信雅达	600571	上海	2002 年 11 月 1 日	IT
17	士兰微	600460	上海	2003 年 3 月 11 日	IT
18	杭萧钢构	600477	上海	2003 年 11 月 10 日	机械制造
19	恒生电子	600570	上海	2003 年 12 月 16 日	IT
20	航民股份	600987	上海	2004 年 8 月 9 日	纺织业
21	通策医疗	600763	上海	1996 年 10 月 30 日上市，2006 年迁入	医疗服务

序号	公司名称	代码	上市地点	上市时间	行业类别
22	数源科技	000909	深圳	1999 年 5 月 7 日	IT
23	华东医药	000963	深圳	2000 年 1 月 27 日	医药化工
24	传化智联	002010	深圳（中小板）	2004 年 6 月 29 日	医药化工
25	亿帆医药	002019	深圳（中小板）	2004 年 7 月 13 日	医药化工
26	生意宝	002095	深圳（中小板）	2006 年 12 月 15 日	IT
27	万向钱潮	000559	深圳	1994 年 1 月 10 日	机械制造
28	杭汽轮 B	200771	深圳	1998 年 4 月 28 日	机械制造
29	万家文化	600576	上海	2003 年 2 月 20 日上市，2007 年迁入	纺织业
30	三维通信	002115	深圳（中小板）	2007 年 2 月 15 日	IT
31	天马股份	002122	深圳（中小板）	2007 年 3 月 28 日	机械制造
32	广宇集团	002133	深圳（中小板）	2007 年 4 月 27 日	房地产
33	东南网架	002135	深圳（中小板）	2007 年 5 月 30 日	金属制品业
34	大立科技	002214	深圳（中小板）	2008 年 2 月 18 日	专用仪器仪表制造业
35	大华股份	002236	深圳（中小板）	2008 年 5 月 20 日	电子设备制造业
36	滨江集团	002244	深圳（中小板）	2008 年 5 月 29 日	房地产
37	帝龙新材	002247	深圳（中小板）	2008 年 6 月 12 日	制造业
38	浙富控股	002266	深圳（中小板）	2008 年 8 月 5 日	机械制造
39	莱茵置业	000558	深圳	2002 年 4 月 2 日上市，2009 年迁入	房地产
40	万马股份	002276	深圳（中小板）	2009 年 7 月 10 日	机械制造
41	联络互动	002280	深圳（中小板）	2009 年 8 月 21 日	IT
42	亚太股份	002284	深圳（中小板）	2009 年 8 月 28 日	汽车零部件
43	银江股份	300020	深圳（创业板）	2009 年 10 月 30 日	IT
44	华星创业	300025	深圳（创业板）	2009 年 10 月 30 日	通信服务业
45	同花顺	300033	深圳（创业板）	2009 年 12 月 25 日	IT

续表

序号	公司名称	代码	上市地点	上市时间	行业类别
46	中恒电气	002364	深圳(中小板)	2010 年 3 月 5 日	输配电及控制设备制造业
47	南都电源	300068	深圳(创业板)	2010 年 4 月 21 日	电器机械及器材制造业
48	思创医惠	300078	深圳(创业板)	2010 年 4 月 30 日	计算机及相关设备制造业
49	海康威视	002415	深圳(中小板)	2010 年 5 月 28 日	电子设备制造业
50	康盛股份	002418	深圳(中小板)	2010 年 6 月 1 日	金属制品业
51	杭氧股份	002430	深圳(中小板)	2010 年 6 月 10 日	工业专用设备制造业
52	巨星科技	002444	深圳(中小板)	2010 年 7 月 13 日	工具制造业
53	顺网科技	300113	深圳(创业板)	2010 年 8 月 27 日	IT
54	富春环保	002479	深圳(中小板)	2010 年 9 月 21 日	电力生产业
55	杭齿前进	601177	上海	2010 年 10 月 11 日	通用设备制造业
56	金固股份	002488	深圳(中小板)	2010 年 10 月 21 日	交通运输设备制造业
57	华策影视	300133	深圳(创业板)	2010 年 10 月 26 日	广播电影电视业
58	荣盛石化	002493	深圳(中小板)	2010 年 11 月 2 日	化学纤维制造业
59	老板电器	002508	深圳(中小板)	2010 年 11 月 23 日	金属制品业
60	宋城演艺	300144	深圳(创业板)	2010 年 12 月 9 日	旅游业
61	南方泵业	300145	深圳(创业板)	2010 年 12 月 9 日	专用设备制造业
62	杭锅股份	002534	深圳(中小板)	2011 年 1 月 10 日	锅炉及原动机制造业
63	宝鼎科技	002552	深圳(中小板)	2011 年 2 月 25 日	铸件制造业
64	贝因美	002570	深圳(中小板)	2011 年 4 月 12 日	乳制品制造业
65	聚光科技	300203	深圳(创业板)	2011 年 4 月 15 日	专用仪器仪表制造业

序号	公司名称	代码	上市地点	上市时间	行业类别
66	迪安诊断	300244	深圳（创业板）	2011 年 7 月 19 日	卫生、保健、护理服务业
67	初灵信息	300250	深圳（创业板）	2011 年 8 月 3 日	通信及相关设备制造业
68	兴源环境	300266	深圳（创业板）	2011 年 9 月 27 日	普通机械制造业
69	中威电子	300270	深圳（创业板）	2011 年 10 月 12 日	通信设备制造业
70	光启技术	002625	深圳（中小板）	2011 年 11 月 3 日	专用设备制造业
71	赞宇科技	002637	深圳（中小板）	2011 年 11 月 25 日	化学原料及化学制品制造业
72	华媒控股	000607	深圳	2003 年 12 月 17 日，2012 年迁入	公用机械制造业
73	汉鼎股份	300300	深圳（创业板）	2012 年 3 月 19 日	计算机应用服务业
74	远方光电	300306	深圳（创业板）	2012 年 3 月 29 日	仪器仪表及文化、办公用机械制造业
75	宋都股份	600077	上海	1997 年 5 月 20 日，2012 年 5 月迁入	房地产开发与经营业
76	泰格医药	300347	深圳（创业板）	2012 年 8 月 17 日	专业、科研服务业
77	华数传媒	000156	深圳	2012 年 8 月迁入	信息传播服务业
78	炬华科技	300360	深圳（创业板）	2014 年 1 月 21 日	通用仪器仪表制造业
79	思美传媒	002712	深圳（中小板）	2014 年 1 月 23 日	商业服务业
80	福斯特	603806	上海	2014 年 9 月 5 日	橡胶和塑料制品业
81	健盛集团	603558	上海	2015 年 1 月 27 日	纺织服务、服饰业
82	杭电股份	603618	上海	2015 年 2 月 17 日	电线电缆产品的研发、生产、销售和服务

续表

序号	公司名称	代码	上市地点	上市时间	行业类别
83	中泰股份	300435	深圳（创业板）	2015 年 3 月 26 日	通用机械
84	创业软件	300451	深圳（创业板）	2015 年 5 月 14 日	应用软件
85	永创智能	603901	上海	2015 年 5 月 29 日	其他
86	华铁科技	603300	上海	2015 年 5 月 29 日	房屋和土木工程
87	杭州高新	300478	深圳（创业板）	2015 年 6 月 10 日	机械设备,电气设备
88	先锋电子	002767	深圳（中小板）	2015 年 6 月 12 日	电子测量仪器
89	中亚股份	300512	深圳（创业板）	2016 年 5 月 26 日	机械设备,专用设备
90	微光股份	002801	深圳（中小板）	2016 年 6 月 22 日	机械设备,电气设备
91	顾家家居	603816	上海	2016 年 10 月 14 日	家用轻工
92	集智股份	300553	深圳（创业板）	2016 年 10 月 21 日	机器设备仪器仪表
93	和仁科技	300550	深圳（创业板）	2016 年 10 月 18 日	信息服务-计算机应用
94	电魂网络	603258	上海	2016 年 10 月 26 日	信息服务-传媒
95	杭州银行	600926	上海	2016 年 10 月 27 日	金融服务-银行
96	贝达药业	300558	深圳（创业板）	2016 年 11 月 7 日	医药制造业
97	海兴电力	603556	上海	2016 年 11 月 10 日	机械设备 仪器仪表
98	嘉凯城	000918	深圳	1999 年 7 月上市,2016 年 3 月迁入	房地产开发
99	平治信息	300571	深圳（创业板）	2016 年 12 月 13 日	信息服务-传媒
100	百合花	603823	上海	2016 年 12 月 20 日	化工-化学制品
101	英飞特	300582	深圳（创业板）	2016 年 12 月 28 日	电子
102	杭叉集团	603298	上海	2016 年 12 月 27 日	机械设备

序号	公司名称	代码	上市地点	上市时间	行业类别
103	华正新材	603186	上海	2017 年 1 月 3 日	制造业-计算机通信
104	新坐标	603040	上海	2017 年 2 月 9 日	机械设备
105	诺邦股份	603238	上海	2017 年 2 月 22 日	纺织服装-纺织制造
106	威星智能	002849	深圳(中小板)	2017 年 2 月 17 日	机械设备-电气设备
107	元成股份	603388	上海	2017 年 3 月 24 日	建筑装饰园林工程
108	星帅尔	002860	深圳(中小板)	2017 年 4 月 12 日	家用零部件
109	长川科技	300604	深圳(创业板)	2017 年 4 月 17 日	其他专用机械
110	正元智慧	300645	深圳(创业板)	2017 年 4 月 21 日	IT 服务
111	金石资源	603505	上海	2017 年 5 月 3 日	采矿
112	万通智控	300643	深圳(创业板)	2017 年 5 月 5 日	制造业-汽车零部件
113	杭州园林	300649	深圳(创业板)	2017 年 5 月 5 日	园林
114	铁流股份	603926	上海	2017 年 5 月 10 日	制造业-汽车零部件
115	雷迪克	300652	深圳(创业板)	2017 年 5 月 16 日	制造业-汽车零部件
116	吉华集团	603980	上海	2017 年 6 月 15 日	化工-化学制品
117	诚邦股份	603316	上海	2017 年 6 月 19 日	建筑装饰园林工程
118	浙商证券	601878	上海	2017 年 6 月 26 日	资本市场服务
119	沪宁股份	300669	深圳(创业板)	2017 年 6 月 29 日	通用设备制造业
120	纵横通信	603602	上海	2017 年 8 月 10 日	通信配套服务
121	春风动力	603129	上海	2017 年 8 月 18 日	其他交运设备

续表

序号	公司名称	代码	上市地点	上市时间	行业类别
122	万马科技	300698	深圳（创业板）	2017 年 8 月 31 日	计算机通信和其他电子设备制造
123	兆丰股份	300695	深圳（创业板）	2017 年 9 月 8 日	汽车制造业
124	银都股份	603277	上海	2017 年 9 月 11 日	通用设备制造业
125	万隆光电	300710	深圳（创业板）	2017 年 10 月 19 日	通信传输设备
126	财通证券	601108	上海	2017 年 10 月 24 日	资本市场服务
127	泰瑞机器	603289	上海	2017 年 10 月 31 日	专用设备制造业
128	珀莱雅	603605	上海	2017 年 11 月 15 日	日用化工
129	南都物业	603506	上海	2018 年 2 月 1 日	房地产开发
130	天地数码	300743	深圳（创业板）	2018 年 4 月 27 日	化学制品
131	汉嘉设计	300746	深圳（创业板）	2018 年 5 月 25 日	建筑装饰
132	浙商中拓	000906	深圳	1999 年 7 月，2018 年 8 月迁入	商业贸易

境外上市公司名录

序号	公司名称	代码	上市地点	上市时间	行业
1	沪杭甬	00576	中国香港	1997 年 5 月	基础设施
2	祐康国际	Y06	新加坡	2004 年 11 月 22 日	食品
3	八方电信	E25	新加坡	2004 年 7 月 23 日	IT
4	绿城中国	03900	中国香港	2006 年 7 月 13 日	房地产
5	银泰百货	01833	中国香港	2007 年 3 月 20 日	商贸服务
6	浙大兰德	08106	中国香港（创业板）	2002 年 5 月 3 日	IT
7	友佳国际	02398	中国香港	2006 年 1 月 20 日	机械制造
8	友成控股	00096	中国香港	2005 年 10 月 1 日	塑料模具
9	华鼎控股	03398	中国香港	2005 年 12 月 15 日	纺织业
10	新利软件	08076	中国香港（创业板）	2001 年 9 月 5 日	IT
11	众安房产	00672	中国香港	2007 年 11 月 13 日	房地产
12	美丝邦	MES	澳大利亚	2007 年	化学纤维制造

序号	公司名称	代码	上市地点	上市时间	行业
13	松冈机电	TYO	澳大利亚	2008 年 12 月 31 日	娱乐
14	琥珀能源	00090	中国香港	2009 年 7 月 10 日	电厂建设、经营及管理
15	博可生物	MLBOK	法国	2009 年	营养保健品
16	笑笑幼教	XXL	澳大利亚	2009 年 12 月	幼儿教育
17	九洲大药房	CJJD	美国（纳斯达克）	2010 年 4 月	医药零售连锁
18	胜达包装	CPGI	美国（纳斯达克）	2010 年 12 月 10 日	纸包装
19	斯凯网络	MOBI	美国（纳斯达克）	2010 年 12 月 10 日	移动互联网应用
20	开元旅业	1275	中国香港	2013 年 7 月 10 日	酒店投资与管理
21	新锐医药	08180	中国香港（创业板）	2013 年 10 月 25 日	医药分销
22	永盛新材料	03608	中国香港	2013 年 11 月 27 日	纺织相关产品贸易、差别化涤纶面料染色及加工以及涤纶长丝生产
23	矽力杰	6415	中国台湾	2013 年 12 月 12 日	半导体业
24	中国新城市	1321.HK	中国香港	2014 年 7 月 10 日	房地产开发
25	天鸽互动	1980.HK	中国香港	2014 年 7 月 9 日	互联网软件与服务
26	达内科技	TEDU	美国（纳斯达克）	2014 年 4 月 3 日	IT 培训
27	阿里巴巴	BABA	美国（纽交所）	2014 年 9 月 19 日	IT
28	中粮包装	00906	中国香港	2009 年 11 月 16 日	包装产品
29	新明中国	02699	中国香港	2015 年 7 月 6 日	房地产建筑
30	浙商银行	02016	中国香港	2016 年 3 月 30 日	金融服务-银行

续表

序号	公司名称	代码	上市地点	上市时间	行业
31	绿城服务	02869.HK	中国香港	2016 年 7 月 12 日	物业服务、顾问咨询服务、园区增值服务
32	江南布衣	03306.HK	中国香港	2016 年 10 月 31 日	设计推广销售服装鞋类配饰
33	盛龙锦秀国际	8481.HK	中国香港	——	制造和销售装饰印刷材料产品
34	百世集团	BSTI	美国（纽交所）	2017 年 9 月 20 日	航空货运与物流
35	龙运国际	LYL	美国（纳斯达克）	2017 年 10 月 21 日	众筹机会和孵化公司
36	阜博集团	3738.HK	中国香港	2018 年 1 月 4 日	视频分析管理平台
37	51 信用卡	2051.HK	中国香港	2018 年 7 月 13 日	个人金融服务
38	歌礼制药	1672.HK	中国香港	2018 年 8 月 1 日	生物科技
39	微贷网	WEI	美国（纽交所）	2018 年 11 月 15 日	消费信贷
40	蘑菇街	MOGU	美国（纽交所）	2018 年 12 月 6 日	互联网与直销零售

杭州市小贷公司名录

（截至 2018 年 12 月 31 日）

序号	公司名称	公司地址	联系方式
1	上城广宇	杭州市上城区岳王路 24 号 3 层	0571-87062806
2	上城文广	杭州市上城区东坡路 66 号东坡文物大楼 602 室	0571-85282529
3	下城广信	杭州市下城区绍兴路 337 号野风现代之星 2107 室	0571-85092239
4	浙江文创	杭州市下城区体育场路 178 号 25 幢 1308 室	0571-85312293
5	浙江农发	杭州市下城区武林路 437 号农发大厦 6 层	0571-85816933
6	江干银货通	杭州市江干区剧院路 358 号宏程国际大厦 3501 室 C	0571-81107870
7	江干万事利	杭州市江干区天城路 68 号（万事利科技大厦）2 幢 17 层	0571-86883511
8	浙江林业	杭州市江干区丹桂街 19 号迪凯国际 3501 室	18658829633
9	浙江兴合	杭州市江干区市民街 66 号钱塘航空大厦 2 幢 35 层	0571-88899075
10	拱墅泰丰	杭州市拱墅区金华路 88-8 号	0571-28116239
11	拱墅建华	杭州市拱墅区沈半路 2 号	0571-28859060
12	拱墅利尔达	杭州市拱墅区莫干山路 972 号泰嘉园 A 座 1809 室	0571-88908686
13	西湖昆仑	杭州市西湖区体育场路 580 号 2 号楼 104 室	0571-85116890
14	西湖御丰	杭州市西湖区转塘镇美院南路 99 号龙心田城大厦 5 层	0571-86775668
15	西湖浙农	杭州市西湖区益乐路 25 号嘉文商厦 7 层	0571-87607700
16	高新东冠	杭州市滨江区江南大道 3850 号创新大厦 5 层	0571-87796048

续表

序号	公司名称	公司地址	联系方式
17	高新中南	杭州市滨江区江南大道 3850 号创新大厦 608 室	0571-87111152
18	高新萧宏	杭州市滨江区滨盛路 1777 号萧宏大厦 8 层 B、C 座	0571-86538519
19	高新兴耀普汇	杭州市滨江区西兴街道江陵路 1916 号兴祺大厦 1 幢 2004 室、2005 室	0571-87710809
20	萧山萧然	杭州市萧山区北干街道金城路 550 号	0571-83831666
21	萧山金丰	杭州市萧山区金城路 438 号东南科技研发中心 1701 室	0571-82711922
22	萧山金诚	杭州市萧山区北干街道金城路 185 号商会大厦 B 座 1 层	0571-83692303
23	萧山悍马	杭州市萧山区临浦镇人民路 30 号	0571-82279188
24	萧山萧丰	杭州市萧山区建设四路 4083 号	0571-83517157
25	萧山环亚航	杭州市萧山区金城路 628 号心意广场 1 幢 19 层 1901 室	0571-82710000
26	萧山新萧商	杭州市萧山经济技术开发区加贸路 11 号	0571-83518186
27	萧山永诚	杭州市萧山区萧绍东路 202 号	0571-83682623
28	浙江理想	杭州市余杭区世纪大道 168 号理想国际大厦 28 层	0571-89029999
29	余杭钱塘	杭州市余杭区南苑街道迎宾路 355 号金鑫大厦 25 层	0571-86186666
30	余杭华盈	杭州市余杭区五常街道联胜路 10 号	0571-89300278
31	余杭日通	杭州市余杭区南苑街道南苑街 103 号麦道大厦 903 室	0571-89163791
32	余杭宝鼎	杭州市余杭区塘栖镇塘栖路 238 号	0571-89028269
33	桐庐富汇	杭州市桐庐县滨江路 388 号	0571-69917806
34	桐庐浙富	杭州市桐庐县滨江路 1151 号	0571-69960156
35	桐庐龙生	杭州市桐庐县江南镇三联西路 8 号、10 号	0571-64330027

序号	公司名称	公司地址	联系方式
36	千岛湖康盛	杭州市淳安县千岛湖镇环湖北路 88 号公路大厦 3 层	0571-64888851
37	淳安沪千诚鑫	淳安县千岛湖镇环湖北路 87 号 4 层	0571-64887699
38	建德新安	建德市新安江街道严州大道秀水华庭 18 号	0571-64751881
39	建德建业	建德市新安江街道严州大道 1181 号	0571-64788886
40	建德白沙	建德市新安江街道水韵天城 108 幢 202 室	0571-64793336
41	富阳浙丰	杭州市富阳区富春街道金桥南路 73 号	0571-61776550
42	富阳永通	杭州市富阳区江滨西大道 2 号	0571-61710330
43	富阳富通	杭州市富阳区富春街道江滨西大道 15 号 2—3 号	0571-23256883
44	富阳金富春先进	杭州市富阳区恩波大道 677 号	0571-63161798
45	富阳富仓	杭州市富阳区新兴路 5 号	0571-61761806
46	临安兆丰	杭州市临安区锦城街道吴越街 998 号	0571-61107009
47	临安中达	杭州市临安区锦城街道吴越大街江南商城 1 号 9 层	0571-61081890
48	临安康通	杭州市临安区锦北街道苕溪北路 398 号	0571-61106825
49	临安韦丰	杭州市临安区高虹镇学溪苑 1 幢 103—203 室	0571-61135800
50	下城金昇	杭州市下城区凤起路 48、50 号	0571-85084977
51	下城美达	杭州市下城区延安路 468 号 1-1-612 室	—
52	江干祐邦	杭州市江干区解放东路 37 号财富金融中心西楼 1705 室	0571-28182359
53	阿里巴巴	杭州市余杭区五常街道丰岭路 25 号	—
54	富阳海道	杭州市富阳区恩波大道 273 号浙商银行楼上 9 层	—

图书在版编目（CIP）数据

2018 年度杭州金融发展报告 / 杭州市人民政府金融
工作办公室编. — 杭州：浙江大学出版社，2019.9
ISBN 978-7-308-19590 4

Ⅰ.①2… Ⅱ.①杭… Ⅲ.①地方金融事业—经济发
展—研究报告—杭州—2018 Ⅳ.①F832.755.1

中国版本图书馆 CIP 数据核字（2019）第 215462 号

2018 年度杭州金融发展报告

杭州市人民政府金融工作办公室　编

责任编辑	石国华
责任校对	杨利军　闻晓虹
封面设计	杭州林智广告有限公司
出版发行	浙江大学出版社
	（杭州市天目山路 148 号　邮政编码 310007）
	（网址：http://www.zjupress.com）
排　　版	杭州星云光电图文制作有限公司
印　　刷	浙江省良渚印刷厂
开　　本	710mm×1000mm　1/16
印　　张	17
字　　数	260 千
版 印 次	2019 年 9 月第 1 版　2019 年 9 月第 1 次印刷
书　　号	ISBN 978-7-308-19590-4
定　　价	58.00 元